»Nicht auf der Rasenkante gehen!«

Thomas-Mann-Schriftenreihe

Herausgegeben von Dirk Heißerer für den
Thomas-Mann-Förderkreis München e.V.

Fundstücke 3

Daniel Lang

»Nicht auf der Rasenkante gehen!«

Die Familie Mann und ihr Landhaus
in Bad Tölz 1908–1917

|peniope|

München

THOMAS-MANN-FÖRDERKREIS MÜNCHEN e.V.

Die Drucklegung des vorliegenden Bandes wurde dankenswerterweise unterstützt durch Spenden der Stadtsparkasse Bad Tölz-Wolfratshausen, der Buchhandlung Winzerer, der Stadt Bad Tölz, der Zauberberg-Stiftung zur Förderung der Thomas-Mann-Forschung und von Herrn Martin Hake, Bad Tölz.

Bibliografische Information der Deutschen Nationalbibliothek
Die Deutsche Nationalbibliothek verzeichnet diese Publikation in der Deutschen National-bibliografie; detaillierte bibliografische Daten sind im Internet über http://dnb.d-nb.de abrufbar.

Informationen zum Thomas-Mann-Förderkreis München e.V.:
www.tmfm.de

|peniope| – ein Imprint von Anja Gärtig Verlag
www.peniope.de
© 2007 Anja Gärtig Verlag, München
Lektorat: Albert von Schirnding (Harmating), Dr. Wolfgang Grillo (Breitbrunn) und Dr. Alexander Krause (München)
Druck und Bindung: bookstation, Gottmadingen
Printed in Germany
ISBN 978-3-936609-33-2

Inhaltsverzeichnis

VI

Vorwort

Nur wenige kleinere Städte haben eine so markante literarische Gedenkstätte aufzuweisen wie Bad Tölz mit seiner Thomas-Mann-Villa in der Heißstraße. Während andere Orte sich mit einer einzigen Übernachtung Goethes schmücken, hat es acht Jahrzehnte gedauert, bis man sich in Tölz daran erinnert hat, dass der weltberühmte Autor der *Buddenbrooks*, des *Zauberberg*, des *Doktor Faustus* in den Jahren 1909 bis 1917 hier mit seiner Familie den Sommer, manchmal auch einige Winterwochen zubrachte. Schon im Sommer 1908 hatte der Dichter sich in dem seit kurzem zum Bad erhobenen Kurort im bayerischen Voralpenland eingemietet und an Ort und Stelle seinen Roman *Königliche Hoheit* vollendet. An Ort und Stelle? Niemand wusste, wo genau er mit seiner Frau Katia und den zwei ältesten Kindern Erika und Klaus gewohnt hat. Daniel Lang hat es herausgebracht! Auch die vielen anderen blinden Flecken auf der Landkarte jener Tölzer Thomas-Mann-Jahre sind dank der ebenso gründlichen wie erfolgreichen Spurensuche des Verfassers der vorliegenden Schrift verschwunden. Sie bietet dem Leser ein nahezu lückenloses Bild dieses wichtigen topobiographischen Kapitels im Lebensbuch des Dichters.

Wichtig ist es in der Tat: wesentliche Arbeiten Thomas Manns sind in dem 1909 bezogenen eigenen Landhaus ganz oder teilweise entstanden: der Anfang des *Felix Krull* und des *Zauberberg*, große Partien des *Tod in Venedig* und der im Ersten Weltkrieg, dessen Ausbruch Thomas Mann in Tölz erlebte, geschriebenen *Betrachtungen eines Unpolitischen*. Die literarische Ortsbeschreibung muss einer zweifachen Zielsetzung nachgehen: Sie verfolgt den Autor und sein Werk im Hinblick auf den Ort, an dem er lebte und schrieb, und sie untersucht die Spiegelungen des Orts in den Büchern des Dichters. Daniel Lang hat diese Doppelaufgabe glänzend gelöst.

Aber es geht nicht nur um Thomas Mann. Tiefe Spuren hinterließ die Tölzer Villa und ihre Umgebung auch im Werk der vier ältesten Kinder Erika, Klaus, Golo und Monika, die sich ja alle literarisch betätigten. Für Klaus Mann sind die Tölzer Ferienaufenthalte geradezu identisch mit »Kindheit«. Der Anteil der Familie an der Verwandlung und Erhöhung von Tölz zu einem bedeutenden Ort der Literatur wird von Daniel Lang ausführlich gewürdigt. Seine Monographie kommt keineswegs nur einem regionalen Interesse entgegen.

Albert von Schirnding

Die Landhäuser der Dichter

Der antike Ort Tusculum im Albanergebirge war wegen seiner gesunden Lage und der Nähe zur Hauptstadt ein beliebtes Ziel Erholung suchender römischer Bürger; viele vornehme Familien besaßen hier ihre Villen. Am bekanntesten wurde Ciceros »Tusculanum«, wo er seine philosophischen Gespräche über den Schmerz und den Tod, die *Tusculanae disputationes* schrieb. Am antiken Vorbild orientiert, nutzte Goethe das ihm von seinem Herzog geschenkte Gartenhaus im Park zu Weimar als naturnahen Zufluchtsort. Um die Mitte des 19. Jahrhunderts ließen sich viele wohlhabende Bürger vor den Toren der Städte Landhäuser errichten. Der renommierte Architekt Hermann Muthesius benannte die Gründe für diesen Zug aufs Land: »Mit dem Leben in der Stadt stellt sich [...] die Folge jener ungesund gesteigerten Lebensbedürfnisse ein [...]. Der Städter wird überreizt, nervös, er fängt an, an Leib und Seele zu kranken. Hier entspringt das Bedürfnis nach dem modernen Landhause.«[1] Die am Ende des Jahrhunderts einsetzende Lebensreform tat ein Übriges: Nicht nur reiche Bürger, auch viele Maler, Musiker und Dichter gingen in den Sommermonaten aufs Land.

Besonders das bayerische Oberland mit seinen Seen und seiner Alpennähe zog zahlreiche – nicht nur in München wohnhafte – Künstler an, die für einige Zeit in Pensionen und Bauernhöfen Logis suchten oder eigene Häuser bewohnten. So besaß der Dramatiker Carl Sternhcim seit 1908 in Höllriegelskreuth ein barockes Schlösschen, das zum Treffpunkt namhafter Künstler wurde. In Garmisch ließ sich Richard Strauss im gleichen Jahr von dem Münchener Architekten Emanuel von Seidl ein Landhaus errichten. Kathi Kobus, die Wirtin der Künstlerkneipe »Simpl«, ein Schwabinger Original, eröffnete 1908 in Wolfratshausen die Café-Pension »Villa Kathi's Ruh«, in der die Schriftsteller Frank Wedekind und später Oskar Maria Graf verkehrten. Am Starnberger See entstanden Künstlervillen, und im Tegernseer Tal trafen sich regelmäßig die Mitarbeiter der Satirezeitschrift *Simplicissimus* wie Ludwig Thoma und Olaf Gulbransson. So entstand »ein moderner Garten Eden, in dem es manchmal bäuerlich rau« zuging, »in dem man aber nicht nur dem ersehnten Italien, sondern auch [...] einem literarischen Arkadien, ein Stück näher« war »als im Trubel der Münchner und Berliner Bohème«.[2]

Thomas Mann, der 1894 neunzehnjährig nach München gezogen war, verbrachte immer wieder einen Teil des Sommers im bayerischen Oberland, bevor er für sich und seine Familie 1908 in Bad Tölz ein Landhaus bauen ließ. Zum ersten, aber nicht zum letzten Mal trat der Dichter als Bauherr auf. Die Villa an der Poschingerstraße im Münchener Herzogpark wurde 1914 bezogen, 1929 entstand das kleine Ferienhaus auf der Kurischen Nehrung, und 1942 baute sich der Emigrant sein Domizil im kalifornischen Pacific Palisades. Das Tölzer Landhaus, von seinem Eigentümer mit hanseatischem Understatement als »Herrensitzchen«[3] bezeichnet, entsprach gewiss auch dem Repräsentationsbedürfnis des erfolgreichen bürgerlichen Schriftstellers, zu dessen Ausstattung ein ländliches Domizil gehörte – man denke an Gerhart Hauptmann und Jakob Wassermann. Vor allem aber diente die hübsche, einigermaßen bescheidene Villa ihm und seiner wachsenden Familie als Ort der Erholung vom Münchener Stadtleben. Und sie bot in ihrer relativ großen Abgelegenheit Thomas Mann, der in München, eben wegen seines Hangs zur Repräsentation vielfach abgelenkt war, die Möglichkeit, konzentriert zu arbeiten. Der leicht irritierbare Autor war auf gefestigte äußere Lebensverhältnisse angewiesen, zu denen der Besitz eines Hauses wesentlich beitrug. In seiner Antwort auf eine Rundfrage einer Berliner Zeitschrift schrieb er 1925:

Ich bin gewohnt, im Zimmer zu arbeiten. Offener Himmel, meine ich, zerstreut die Gedanken. Im Sommer brauche ich wenigstens die Decke einer Veranda, eines Gartenhauses über dem Kopf, ein Gehäuse, das, sozusagen, die Atmosphäre des Werkes schützt.[4]

Die Familie Mann in Bad Tölz

Tölz im Isartal, durch den Fund jodhaltiger Mineralquellen seit 1899 Kurort und von da an zum Bad Tölz aufgestiegen, zählte im Jahr 1908, als die Familie Mann dort zum ersten Mal die Sommermonate verbrachte, circa 4.800 Einwohner. Schon zu dieser Zeit befand sich links der Isar der Tölzer Badeteil, »Bad Krankenheil« genannt, in dem der renommierte Münchener Baumeister Gabriel von Seidl 1913 – kurz vor seinem Tod – ein Kurhaus zu errichten begann; auf der anderen Seite lag das alte Tölz mit der wegen ihrer schmucken Architektur und Lüftlmalerei bekannten Marktstraße. Von München fuhr man mit der Bahn eineinhalb bis zwei Stunden in den zu Anfang des 20. Jahrhunderts aufstrebenden Kurort.[5] In einem Prospekt des Tölzer Kurvereins aus dem Jahr 1906 wurde der Ort wie folgt angepriesen:

> Hier kann sich geschwächte Gesundheit stärken, hier kann die Brust freier atmen, in der ozonreichen, reinen Bergluft. Hier arbeitet das müde Herz leichter in einer Höhe von fast 700 m über dem Meeresspiegel. Die Muskeln spannen sich bei den Wanderungen auf den sanftgeschwungenen Bergwegen. Herrlich mundet die süße Gebirgsmilch, der ganze Mensch wird neu.[6]

Die voralpine Gegend war der Familie des Senators Thomas Johann Heinrich Mann schon zu Lübecker Zeiten bekannt. Durch seine Eltern, die von 1883 bis 1891 regelmäßig Gäste in Bad Kreuth, dem heutigen Wildbad Kreuth, im Tegernseer Tal gewesen waren, lernte Thomas Mann die oberbayerische Landschaft sehr früh kennen.[7] Auch die Familie seiner späteren Frau Katia Pringsheim, die von München aus einen beträchtlich kürzeren Reiseweg hatte, verbrachte in Bad Kreuth einige Sommeraufenthalte.[8]

Nach seiner Übersiedlung nach München 1894 zog es Thomas Mann oft auf kürzeren teilweise per Rad unternommenen Ausflügen oder längeren Sommeraufenthalten vor die Tore der Stadt. So besuchte er einige Male den befreundeten Schriftsteller Kurt Martens in der Villa Otto von Taubes in Kreuth und regelmäßig seine Mutter Julia in Polling bei Weilheim, wo sie seit der Jahreswende 1903/04 auf dem Hof der Familie Schweighart ständiges Quartier hatte. Mit dem Musiker Carl Ehrenberg unternahm er eine Radtour an den Starnberger See. Ende März 1902 grüßte Thomas Mann gemeinsam mit seiner Schwester Carla und dem befreundeten Maler Paul Ehrenberg dessen Bruder Carl wiederum von einem gemeinsamen Ausflug in das Isartal.[9]

Dass Thomas Mann schon vor 1908 auch Bekanntschaft mit Bad Tölz gemacht hat, geht aus einem Brief hervor, den er am 9. Juli 1903 an Kurt Martens schrieb:

> Ich gehe Anfang nächster Woche nach Polling. Ich hätte nicht übel Lust, Sie einmal in Tölz zu besuchen, das mir immer sehr gefallen hat, weiß aber noch nicht recht, wann.[10]

In der »Kur- und Fremdenliste für das Bad Tölz« des *Tölzer Kuriers* wird unter der Rubrik »Kurgäste« Kurt Martens mit Familie und Bedienung im August 1903 als wohnhaft in der 1891 errichteten und heute noch existierenden Villa Anna aufgeführt.[11] Martens Tölzer Adresse ist auch in Thomas Manns sechstem Notizbuch verzeichnet.[12] Ob der im Brief vom 9. Juli angekündigte Besuch stattfand, ist ungeklärt.

Bad Tölz, Marktstraße.
Deutsches Literaturarchiv Marbach a.N., Sig. 57.6154/28.

Villa Held – »Ein Häuschen in schattigem Garten«

Nachdem die junge Familie Mann ihre erste Sommerfrische 1906 in
der von Mitte Juni bis Mitte September gemieteten Villa Friedens-
höhe in Oberammergau verbracht und im darauffolgenden Jahr in
der Villa Hirth in Seeshaupt am Starnberger See Quartier genommen hatte, beschloss man, den Sommer 1908 in Bad Tölz zu verbringen. Man war inzwischen zu viert; Erika war 1905, Klaus 1906
geboren worden.

Von einer Reise an den Lido Venedigs – zusammen mit seiner
Frau Katia, seiner Schwester Carla, dem Bruder Heinrich und dessen Verlobten Inès Schmied – schrieb Thomas Mann am 16. Mai
1908 an seinen Lübecker Jugendfreund Ludwig Ewers:

> Für den Sommer haben wir diesmal in Tölz ein Häus-
> chen in schattigem Garten gemietet, – wie wäre es,

wenn Ihr uns wieder besuchtet? Ich werde dort den Roman [Königliche Hoheit] beenden, der Oktober in der Neuen Rundschau zu erscheinen beginnen soll und der mich ungebührlich lange beschäftigt hat.[13]

Die Manns hatten im alten Stadtteil an der Gaißacherstraße 17 die Villa Held gemietet.[14] Der Namensgeber Otto Held erwarb die um 1880 erbaute Villa im Jahr 1897 und richtete sie wie auch das benachbarte Haus an der Gaißacherstraße 15 für Feriengäste ein. Seit 1904 war der Münchener Kaufmann Wolf Weinschenk Eigentümer der Villa an der Gaißacherstraße 17 und bekam im Sommer 1908 Thomas Mann als Logiergast. 1916 wurde der Münchener Hotelier und Kleinkunstbühnenbesitzer Josef Benz, der in München-Schwabing die Gaststätte »Leopold« führte,[15] Miteigentümer der Villa Held und ließ sie 1918 – nun als alleiniger Besitzer – umbauen.[16] Die Villa wurde Ende 1968 abgerissen, und auf dem Grundstück mit Blick auf die nahen Berge wurden die Einfamilienhäuser Gaißacherstraße 51, 53 und 55 errichtet.

Am 20. Juni 1908 zog man für die warmen Monate von München nach Bad Tölz. Katias Mutter Hedwig Pringsheim schrieb kurz nach dem Ortswechsel an Dagny Langen-Sautreau:

> Familie Mann ist, wie eine ordentliche Bourgeois-Familie, die sie ist, seit ein paar Tagen nach Bad Tölz in die Sommerfrische gesiedelt, wo sie sich den ganzen lieben Sommer lang erholen will. Tommy und Katia, die beiden bleichen Magren, habens dringend nötig; die Kinderchen sind blühend und wirklich recht goldig.[17]

Das Vorhaben, seinen zweiten Roman *Königliche Hoheit* in Bad Tölz zu beenden, durfte Thomas Mann trotz aller Erholungsabsichten nicht vernachlässigen. Glücklicherweise fand er vor Ort in dem königlichen Regierungsrat und Bezirksamtmann Adalbert Freiherr von Malsen einen Experten, den er über »Höfisches« zu Rate ziehen konnte.[18]

Villa Held, 1968. Stadtarchiv Bad Tölz, Fotoarchiv III OI 29.

Kaum war man in Tölz angekommen, stellte sich der erste Besuch ein: Heinrich Mann kam mit Inès Schmied, die sich wie schon in Venedig nun auch in Tölz mit dem Rest der Familie nicht verstand und Unfrieden stiftete. Im folgenden Jahr wurde ihre Verlobung mit Heinrich gelöst. Inès schickte Heinrich am 6. Januar 1909 einen vorwurfsvollen Brief, in dem sie ihre Sicht auf den Ausflug nach Bad Tölz kundgab:

> Manchmal erlebe ich den Tag in Töltz wieder und könnte ein ganzes »Idyll« daraus machen. [...] Das kalte Wetter, die Steifheit Deines Bruders, die kleine rote Nase von der kleinen Erika, der feuchte Garten. Mit einem Wort die Stimmung war schrecklich! [...] Immer noch sehe ich das Gesicht Deines Bruders wie er so kalt gleichmutig und doch mit einer Art Unbehagen in die Luft guckt. Dazu diese nüchterne poesielose Gegend. Ein Klex Berge, ein Klex Wiese, ein Klex Wald,

von allem ein bischen. Nichts Grosses, nichts Schönes, mit einem Wort nüchtern, bürgerlich kalt. Lieber möchte ich begraben sein, als dort leben.[19]

Das Zitat lässt darauf schließen, dass sowohl das Wetter als auch die Stimmung nicht heiter waren. Trotzdem schien Thomas und Katia Mann die Tölzer Gegend so sehr gefallen zu haben, dass sie mit dem Gedanken spielten, sich an Ort und Stelle ein eigenes Haus zu bauen, anstatt jeden Sommer nach einem mietbaren Ferienhaus Ausschau halten zu müssen. Als sie hörten, dass oberhalb des Ortes am Höhenberg ein preiswertes Grundstück zum Verkauf angeboten wurde, griffen sie sofort zu. Katia Mann erinnerte sich später, der Kauf sei eine »ausgesprochene Occasion« gewesen.[20] Die Eigentümer des 1,036 ha großen Grundstücks an der Heißstraße[21] waren Gertraut und Hildegard von Hopfen, Töchter des 1904 verstorbenen Schriftstellers Hans Ritter von Hopfen aus Großlichterfelde bei Berlin, eines Mitglieds der Münchener Dichtergesellschaft »Krokodil«. Am 7. August 1908 wurde der Kaufvertrag zwischen den von Hopfens und den Manns notariell beurkundet. Der Kaufpreis des Grundstücks betrug 10.000 Mark. Bei der Beurkundung konnte sich Thomas Mann lediglich durch die »Vorlage eines an ihn gerichteten Briefes der bayrischen Handelsbank in München« ausweisen, »weitere Legitimation war Herrn Mann nicht möglich«, so der Notar im Kaufvertrag.[22]

Auf die finanzielle Unterstützung seiner wohlhabenden Schwiegereltern erhob Thomas Mann keinen Anspruch; die steigenden Auflagen von *Buddenbrooks* und das zu erwartende Honorar für *Königliche Hoheit* machten ihn diesbezüglich unabhängig. Wie sich Katia in *Meine ungeschriebenen Memoiren* erinnert, wandte er sich an Samuel Fischer mit der vorsichtig formulierten und seitenlang begründeten Bitte, der Verleger möge ihm dreitausend Mark vorschießen, da der bevorstehende Hausbau hohe Kosten bringen werde. Fischer soll umgehend zugestimmt haben, jedoch mit dem Einwand, Thomas Mann habe sich wohl verschrieben, er meine sicher dreißigtausend Mark.[23]

So arbeitete Thomas Mann in den restlichen Wochen des ersten Tölz-Aufenthaltes an der Vollendung seines Romans, den er jedoch nicht abschließen konnte. Wenn die Zeit es zuließ, fuhr er für einen oder zwei Tage mit Katia nach München, um nach der nicht nach Tölz adressierten Post zu sehen. Die Wohnung in der Franz-Joseph-Straße blieb für diese Zeit geschlossen, man übernachtete bei den Schwiegereltern in der Arcisstraße.

Anfang September schrieb Ida Boy-Ed, eine Förderin aus Lübecker Zeiten, nach Tölz und bat um ein Treffen in München, doch Thomas Mann antwortete ablehnend:

> Leider, leider, es wird nicht gehen! Ich sitze hier und gebe mir einen letzten Ruck, meinen Roman zu beenden. Kürzlich war ich in München, und die Arbeit schon wieder zu unterbrechen wäre schmerzlich und schändlich. Hinzu kommt, daß meine Frau in der Hoffnung ist und weder das Eisenbahnfahren noch das Alleingelassenwerden recht erträgt.[24]

Katia war also erneut schwanger, nächstes Jahr würde man das neue Haus zu fünf beziehen. Noch während des Ferienaufenthaltes in der Villa Held – kurz bevor man Ende September wieder nach München zurückkehrte – begannen die Vorbereitungen für den Bau des Landhauses. Bald stellte sich heraus, dass die Kosten höher sein würden als erwartet, wie aus dem Brief vom 17. September 1908 an den Kunsthistoriker Georg Martin Richter hervorgeht:

> [...] der Hausbau, der, wie es zu gehen pflegt, weit mehr ins Geld läuft, als vorgesehen war, verschlingt nicht nur meine Honorar-Ersparnisse vollständig, sondern wird mich auch nötigen, Bankgeld aufzunehmen, sodaß ich wohl wie ein Mann der Wirklichkeit in Geschäfte und Verbindlichkeiten verstrickt sein werde. [...] Der Sommer war schlecht, und der Herbst lässt sich nicht besser an. Wir ziehen schon in den nächsten

Tagen zur Stadt, um nächstes Jahr zu versuchen, wie es sich auf eigenem Grunde lebt.[25]

Bei der »Bayrischen Handelsbank Actiengesellschaft« in München nahm Thomas Mann ein Darlehen von 12.000 Mark auf und ließ es als Hypothek auf das Grundstück eintragen. Dieses Darlehen musste mit einer Rate von jährlich 510 Mark verzinst werden, eine frühzeitige Tilgung der Hypothek wurde bis zum 1. Januar 1920 vertraglich ausgeschlossen.

Landhaus Thomas Mann

In Thomas Manns neuntem Notizbuch findet sich auf Seite 56 der Eintrag: »Datum des Hausbau-Beginnes in Tölz: Montag den 28. Sept. 08.«[26] Man engagierte den Architekten Hugo M. Roeckl (1875-1944), Sohn des Handschuhfabrikanten Christian Roeckl, der am Karlsplatz in München ein Architekturbüro hatte und ein Neffe von Emanuel und Gabriel von Seidl war. Die Brüder waren als Baumeister berühmter Gebäude und Landhäuser bekannt. Gabriel von Seidl, Architekt des Münchener Nationalmuseums, hatte in Bad Tölz einige Villen gebaut, besaß hier selbst ein Landhaus und gestaltete die Fassaden der Tölzer Marktstraße neu. Die Villenarchitektur seiner Onkel mag dem Neffen beim Bauplan des Landhauses Thomas Mann als Vorbild gedient haben. Am 10. September 1908 ging das von Roeckl verfasste Baugesuch beim Magistrat der Stadt Bad Tölz ein.[27] Eine Woche später reichte er zusammen mit der statischen Berechnung den Bauplan nach, bat um schnelle Genehmigung und erlaubte sich gleichzeitig die Anfrage, ob er »[...] mit den Bauarbeiten bzw. Erdaushub, wie schon im Baugesuch erwähnt, nunmehr beginnen lassen kann, da der Neubau heuer noch unter Dach muß.«[28] Mit dem Vermerk »Eilt« wurde der Bauplan am 28. September vom königlichen Bezirksamt Tölz genehmigt; zuvor hatte der Magistrat bemerkt, »daß vom Standpunkte der Ortspolizei Erinnerungen gegen die beabsichtigte Bauausführung nicht veranlaßt sind.«[29] Der Bau wurde von dem ortsansässigen Baumeister Sigmund Egenberger ausgeführt; dieser besaß in der Tölzer Bahnhofstraße[30] eine Baumaterialienhandlung sowie ein technisches Büro. Die Arbeiten gingen sehr rasch vonstatten, schon am 1. November konnte Thomas Mann dem befreundeten Freiburger Germanisten Philipp Witkop melden:

> Wir waren den Sommer in *Tölz*, dessen Luft uns so wohlthat, daß wir uns dort angekauft haben und uns ein Häuschen mit Blick auf den Ort, die Isar und das Gebirge bauen lassen. Es ist im Rohbau beinahe fertig.[31]

Das Landhaus Thomas Mann an der Heißstraße 11[32] stand zur Zeit seiner Errichtung beinahe allein auf dem im Norden von Bad Tölz gelegenen Höhenberg, hinter dem auch heute noch ein großer Tannenwald beginnt, in welchem nur kurze Zeit vor dem Bau des Hauses ein Waldfriedhof angelegt worden war. Hinter diesem Tannenwald, im nördlich von Tölz gelegenen Ratzenwinkel, lag der Hof des Ökonomen Martin Sappl, auch Zwickerbauer genannt. Doch lediglich zwei weitere Wohnhäuser befanden sich in unmittelbarer Nachbarschaft des Landhauses: die 1898 gebaute auffällige Jugendstilvilla des Leutnants Arthur von Hüls an der Heißstraße 3 und das an das Grundstück Thomas Manns angrenzende und 1898 errichtete Haus der Helene Göbl, Heißstraße 5.[33] Die 1908 entstandene Pension »Café am Wald« lag ebenfalls in direkter Umgebung des Landhauses. In wenigen Minuten erreichte man über eine abschüssige Wiese, die heute vollständig bebaut ist, den Klammerweiher, wo die erste Tölzer Badeanstalt eingerichtet war. Der Klammerweiher gehörte der in Tölz ansässigen Klammerbrauerei, die im Winter das Eis zur Kühlung des Bieres aus dem Weiher bezog.[34] 1913 erbaute der Von-Rothmund'sche Unterstützungsverein an der nahegelegenen Bairawieser Straße 18 das von Gabriel von Seidl geplante »Prinzregent-Luitpold-Genesungsheim für arme augenkranke Kinder«.[35] Klaus Mann erinnert sich in seiner Autobiographie

Kind dieser Zeit an diese Anstalt: »Später wurde ein Heim für blinde Kinder dort eingerichtet, die sich nun, weißäugig tappend, mit ihren Hunden und frommen Schwestern zwischen den Tannen ergingen.«[36]

Bad Tölz mit Blick auf Genesungsheim und Café am Wald.
Deutsches Literaturarchiv Marbach a.N., Sig. 57.6154/23.

Von der Straße aus erreichte man die Villa mit dem roten Wetterhahn auf dem Mansardenwalmdach über einen langen von Linden umstandenen Kiesweg, der zur rückseitigen Eingangstüre führte. Über dieser wies das weiße Oberlichtgitter auf den Bauherrn und auf das Baujahr hin. Das große eingezäunte Grundstück bot reichlich Platz, so dass man im Garten einen Tennisplatz anlegen und später ein Gartenhäuschen bauen konnte. Die Fassade des Hauses wurde im ersten Stock mit graugrünen Holzschindeln verschlagen, die sich von den dunkelgrünen Klappläden farblich absetzten. Das Kellergeschoss, in dem die Küche, die Waschkammer und das Bügelzimmer lagen, war durch einen Dienstboteneingang zu erreichen. Hier lag auch die für die Beheizung der Villa notwendige Holz- und Kohlenkammer. Von der Küche führte ein Speisenaufzug hinauf in das Erdgeschoss. Dort befand sich neben der geräumigen Diele eine Anrichte und das durch eine Treppe vom Garten betretbare Esszimmer, das mit einem Kamin ausgestattet war und von dem man die südöstlich ausgerichtete Säulenveranda betrat, die einen weitläufigen Blick auf die Ortschaft und Point-devues auf das Karwendelgebirge bot. Nebenan lag das Damenzimmer, das wie das Esszimmer zum Garten hin ein Rundbogenfenster hatte. Von dem Damenzimmer und der Diele aus begehbar, befand sich Thomas Manns kleines, nordöstlich gelegenes Arbeitszimmer, das durch einen Erker – in dem nach den Bauplänen der Schreibtisch stand – mit genügend Lichteinfall versorgt war. Über einen Treppenturm-Erker gelangte man in das im Obergeschoss gelegene Vestibül. Außer einem größeren Badezimmer und der separaten Toilette waren hier die mit fließendem Wasser ausgestatteten Kinderschlafzimmer sowie die getrennten Elternschlafzimmer untergebracht. Von Katias Schlafzimmer aus konnte der über der Veranda gelegene Balkon betreten werden. Im Dachgeschoss, in welchem das Kinderfräulein und die Hausmädchen wohnten, befanden sich zwei großzügige Fremdenzimmer für die häufig eintreffenden Gäste und einige Speicherräume.[37]

Bis zum Frühsommer waren die Innenarbeiten beendet und man begann, das Landhaus einzurichten. Am 30. Juni meldete der *Tölzer Kurier*:

Eine hübsche Villa ist nunmehr fertig gestellt. Sie wurde erbaut von Herrn Schriftsteller Mann, entworfen von Herrn Architekt Röckl in München und ausgeführt von Herrn Baumeister Egenberger in Bad Tölz. Das Haus zeigt den eleganten französischen Stil eines Landhauses, dessen vordere Front und die Seitenwände mit grüngestrichenen Latten beschlagen sind, die einmal von einem Epheugewächs durchzogen sein werden. Das Haus ist von der Bairawieser-Straße aus er-

Bad Tölz, Blick ins Karwendel. Postkarte,
Aufnahme A. Marey, Verlag J. Dewitz, Buchhandlung, Bad Tölz.

reichbar und liegt hinter den Villen Hüls und Göbl, ein
Platz, der eine schöne Aussicht bietet.[38]

Die Vorfreude Thomas Manns, den kommenden Sommer im eigenen Landhaus verbringen zu können, zeigte sich in einigen der um
diese Zeit verfassten Briefe. So schrieb er am 13. Januar 1909 an
Ludwig Ewers:

> Der nächste Sommer wird also ein Lese-Sommer und
> also, will's Gott, ein froher und hoffnungsreicher, denn
> die Zeit der Vorarbeiten ist weitaus die beste. Schrieb
> ich Dir schon, daß wir uns in Tölz angekauft haben?
> (Oberes Isarthal, sehr kräftige Luft.) Wir bauen uns
> dort ein hübsches Häuschen, das schon unter Dach ist.
> Und wenn ihr uns dieses Jahr wieder auf dem Lande
> besucht, so werden wir euch also auf eigenem Grunde
> empfangen können.[39]

Zunächst ging Thomas Mann freilich wegen gastrischer Beschwerden im Mai 1909 für drei Wochen in die Privatklinik des Dr. med. Bircher-Benner nach Zürich. Von dort meldete er seinem Bruder Heinrich: »Es liegt so viel Arbeit vor mir, daß ich nicht weiß, wo ich anfangen soll. Hoffentlich bringt Tölz Ruhe und Entschluß«.[40] Nach der Rückkehr nach München wurde alles für den ersten Aufenthalt im neuen Haus vorbereitet. Thomas Mann hatte – als stolzer Villenbesitzer – einige Bekannte eingeladen, ihn in Tölz zu besuchen. An Ludwig Ewers schrieb er am 5. Juli 1909, er müsse ihn »auf unserem Herrensitzchen in Tölz besuchen, das wirklich allerliebst geworden ist. (Wir sind noch hier, weil es mit der Einrichtung noch hapert.)«[41] Doch am 21. Juli 1909 konnten die Sommerfrischler endlich ihr eigenes Landhaus beziehen.

(nachfolgende Seiten: Bauplan Landhaus Thomas Mann. Staatsarchiv München, Sig. Bpl. Tölz 1911/71.)

SÜD-OST-ANSICHT.

SÜD-WEST ANSICHT.

SCHNITT A-B.

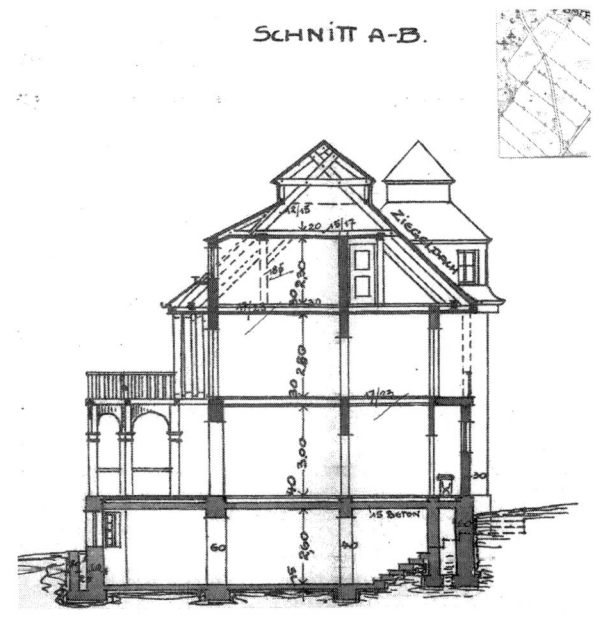

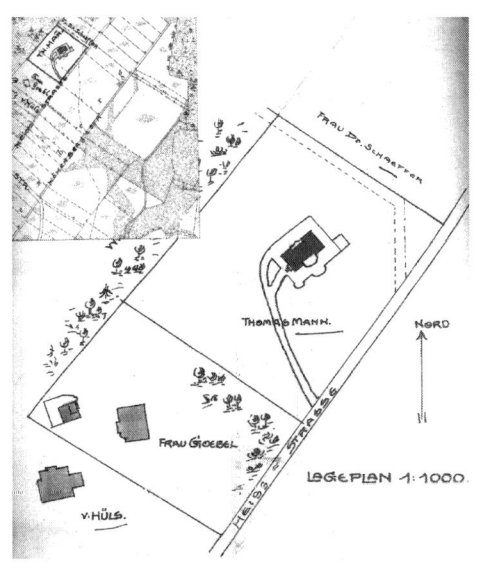

LAGEPLAN 1:1000.

KELLERGESCHOSS.

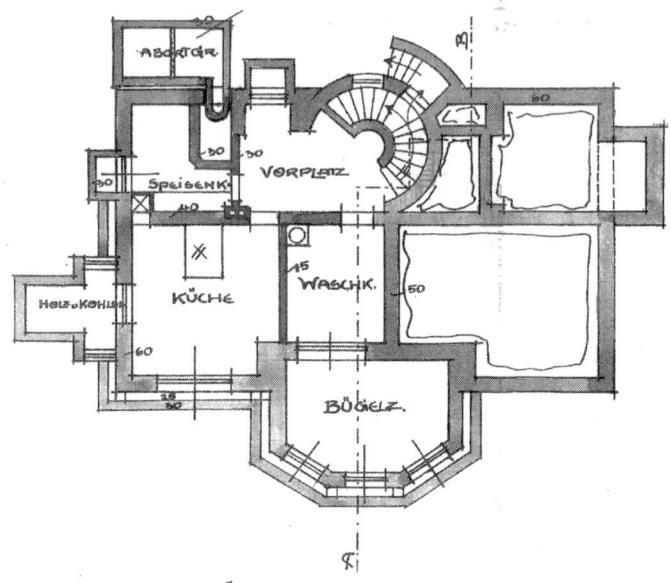

MÜNCHEN, im SEPT. 08.

ERDGESCHOSS.

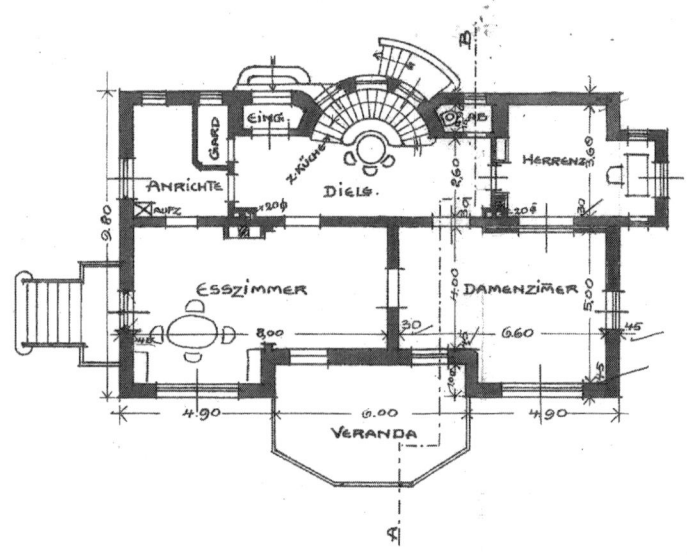

OBERGESCHOSS.

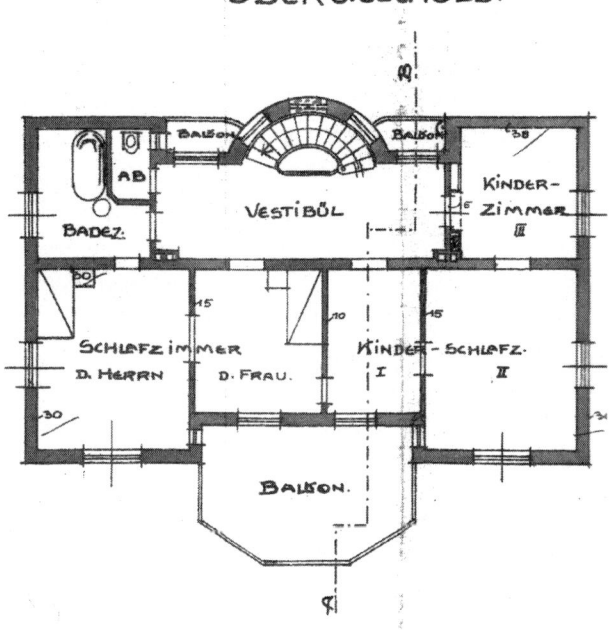

DACHGESCHOSS.

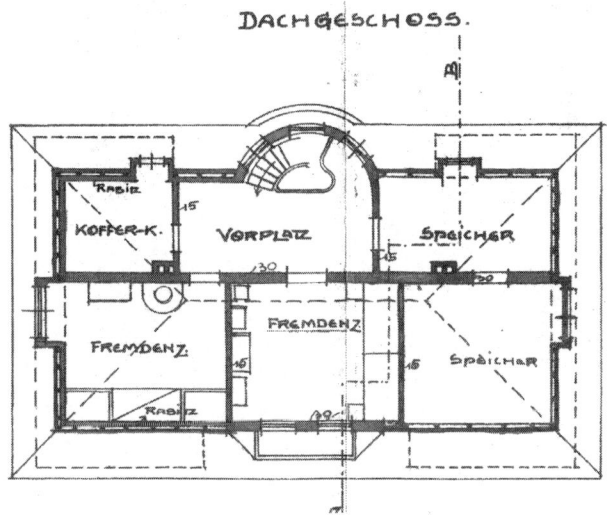

»Auf eigenem Grunde«

Während des ersten Sommeraufenthalts im neuen Haus schrieb Hedwig Pringsheim dem ihr freundschaftlich verbundenen Publizisten Maximilian Harden: »Tommy's erholen sich in ihrem lieblichen Villinchen in Tölz noch immer von der doppelten Geburt: Katja vom Angelus Gottfried Thomas, Tommy von der ›Königlichen Hoheit‹.«[42] Inzwischen war nämlich das dritte Kind, Golo genannt, zur Welt gekommen, das den typisch bayerischen Vornamen seiner Schwester Erika zu verdanken hatte. Erika durfte im vorigen Sommer Angelus Mösslang, den jüngsten Sohn des in der Bahnhofstraße[43] wohnhaften Tölzer Eisenbahnsekretärs Hugo Mösslang, auf dem Arm umhertragen.[44] Nun wünschte sie sich nichts mehr als einen eigenen Angelus – auch im Winter. So wurde der zweite Sohn auf ihren Wunsch auch auf diesen Namen getauft.[45]

Den Roman *Königliche Hoheit* hatte Thomas Mann im Februar 1909 zwar abgeschlossen, doch feilte er in Tölz für den Druck noch an dessen Ende. Am 29. August schickte er den letzten Korrekturbogen der Buchausgabe an S. Fischer ab. Nach dem im September beendeten Vorabdruck in der *Neuen Rundschau* konnte er bereits erste Rezensionen lesen. Zu ihnen gehörte die im *Prager Tagblatt* erschienene Besprechung von Max Brod,[46] und auch Ida Boy-Ed veröffentlichte in den *Hamburger Nachrichten* einen Artikel über den Roman, für den sich Thomas Mann in einem ausführlichen Brief bedankte.[47] Für seine Korrespondenz ließ er sich eigens Briefpapier mit dem Aufdruck »Landhaus Thomas Mann, Bad Tölz« entwerfen. Außerdem wurden Postkarten mit dem Druck einer Fotografie des Landhauses in Auftrag gegeben, die er fortan für kürzere Mitteilungen benutzte.

Der Beginn des Landaufenthaltes schien jedoch unter der unwirtlichen Atmosphäre eines jeden Einzugs gestanden zu haben. Wenige Tage nach der Ankunft klagte Thomas Mann dem Berliner Theaterkritiker Julius Bab: »Meine Umstände sind dem Schreiben nicht günstig. Wir sind vor 3 Tagen hierher übergesiedelt, ins

Ansichtskarte Landhaus Thomas Mann, 1909.
Sammlung Dirk Heißerer, München.

neue Haus und leben noch im Chaos.«[48] So besuchte er mehrere
Aufführungen der Festspiele, die Max Reinhardt mit dem Ensemble des Berliner Deutschen Theaters am Münchener Künstlertheater veranstaltete. Nach Tölz zurückgekehrt, berichtete er Hugo von
Hofmannsthal:

> Das Reinhardt-Theater hat mich sehr beschäftigt; es erschien mir dann und wann beinahe als die *interessanteste* Produktion unserer Tage [...]. Sie kommen im September wieder nach München? Und also hoffentlich auch hierher? Es ist wenig mehr, als eine Stunde Eisenbahnfahrt. Ein nettes Fremdenzimmer steht zur Verfügung.[49]

Hofmannsthals Abstecher nach Tölz kam nicht zustande; dafür kün-

Familie Mann vor Eingangstüre, 1909.
Princeton University Library, Princeton N.J.

digten Georg Martin Richter, Heinrich Mann und Katias Großmutter, die Frauenrechtlerin Hedwig Dohm, ihren Besuch an. Hinzu kam noch jemand Unerwarteter: Der neunzehnjährige angehende Schriftsteller Hans von Hülsen suchte in Thomas Mann einen geistigen Mentor und blieb oft so lange, bis der letzte Zug nach München abgefahren war und man ihm ein Fremdenzimmer herrichten musste.[50] Trotz solcher Erfahrungen waren Gäste in Tölz weiterhin willkommen, weil sie dem Autor Renommee zutrugen. Anfang August fuhr Thomas Mann von Tölz nach Bayreuth und besuchte eine

Familie Mann vor ihrem Tölzer Landhaus, 1909.
Thomas Mann Archiv der ETH Zürich, Keystone.

Aufführung des *Parsifal*. Das musikalische Erlebnis spielte für den geplanten Essay, der den Titel *Geist und Kunst* tragen sollte, eine wichtige Rolle. Die Arbeit daran ging ihm aber äußerst schwer von der Hand, und so klagte er dem befreundeten Dichter Walter Opitz:

> Mein Kopf ist so müde und kaputt, daß ich möchte stumm sein dürfen und einfach in den Regen blinzeln, der draußen mit einem so recht dauerhaften Accent herniedergeht. Ich habe mich da auf eine Sache eingelassen, etwas Kritisches, eine Abhandlung, und daran zer-

mürbe ich mir jeden Vormittag die Nerven so sehr, daß
ich nachmittags dem Blödsinn näher bin als der Episto-
lographie.[51]

Obwohl Thomas Mann den ganzen Tölzer Sommer an dem Essay
arbeitete, kam er nicht über stichwortartige Aufzeichnungen und
das Sammeln von Material hinaus. Die Arbeit blieb als »amorphe
Notizenmasse«[52] liegen, das bereits Zusammengetragene fand jedoch später in anderen essayistischen Schriften Verwendung.

Für den September stand der angekündigte Familienbesuch ins
Haus. Zuerst kam Heinrich Mann, der gerade den Roman *Die kleine Stadt* beendet hatte, kurz darauf Hedwig Dohm aus Berlin und
mit ihr das bisher ausgebliebene sommerliche Wetter. Jahre später
erinnerte sich Thomas Mann in der kleinen Skizze *Little Grandma*
an ihren Besuch im hochsommerlichen Tölz:

– Als sie einst bei uns auf dem Lande im sommerlichen Oberbayern zu Besuch war, fiel außergewöhnlich
heißes Wetter ein und wurde, bis der obligate Gewit-
tersturm ihm ein Ende setzte, zur schweren Kalamität.
Noch sehe ich sie vor mir, wie sie damals, gestützt auf
ihr kurzes Krückstöckchen, das weiße Haar von einem
Schleier bedeckt, der ihr den gebeugten Rücken hin-
unterwallte, auf den Kieswegen unseres Gartens dahin-
wanderte, klein, sehr klein und seltsam, ein rührendes
Menschheitsmütterchen.[53]

Doch nur wenige Tage nach der Abreise ihrer Großmutter schrieb
Katia Mann an ihren Schwager Heinrich: »Die bayrische Landschaft scheint sich ja nun endgültig getrübt zu haben, und Sie haben
wirklich echtes Glück gehabt. Aber Anfang Oktober kommt gewiß
noch einmal eine blaue Serie«.[54] Man entschied sich, bis dahin den
Aufenthalt auszudehnen; erst am 22. Oktober kehrte die Familie
nach München zurück.

Die enervierende Arbeit am Essay, die noch mangelnde Wohn-
lichkeit im neuen Haus und der oft regnerische Sommer verleideten
den ersten Aufenthalt in der eigenen Villa beträchtlich. Die Sommerfrische im folgenden Jahr sollte sich glücklicher gestalten. Bereits in einem Brief vom 22. Mai 1910 berichtete Thomas Mann
dem Heidelberger Pädagogen Alexander von Bernus:

> Ich setze große Hoffnungen auf den Sommer. Das
> Häuschen wird erst dieses Jahr recht komfortabel sein.
> Es ist nun mit elektr. Licht ausgestattet, und ich las-
> se mein Arbeitszimmer sehr ansehnlich einrichten. Ich
> brauche das. Auch einen Tennisplatz haben wir machen
> lassen. Bewegung im Freien wird mir immer mehr zum
> Bedürfnis.[55]

Wegen der Geburt des vierten Kindes, Monika, am 7. Juni 1910
musste die Übersiedlung jedoch um einen Monat verschoben werden. Am 28. Juni schrieb Thomas Mann an Ida Boy-Ed:

> Sie vermuten uns auf dem Lande, mit Recht, denn
> wir wären längst dort, wenn nicht ein Familienereignis
> uns hier festgehalten hätte. Vor vier Wochen ist mei-
> ne Frau von einem Töchterchen entbunden worden, –
> dem zweiten seines Geschlechts; aber im Ganzen ist
> es schon der vierte Sproß, und nun wolle Gott nicht,
> daß es noch mehr werden. Die Grenze des Lächerli-
> chen ist, fürchte ich, erreicht. [...] Der ländliche Frie-
> de wird hoffentlich meiner Arbeit zustatten kommen, –
> einer heiklen Sache: Memoiren eines Hochstaplers.[56]

Zu Beginn des am 15. Juli angetretenen Landaufenthaltes arbeitete Thomas Mann an dem inzwischen begonnenen Roman *Bekenntnisse des Hochstaplers Felix Krull* und sagte daher eine Einladung
Samuel Fischers ab, ihn in Unterach am Attersee zu besuchen, wo
sich auch Wassermann und Hofmannsthal aufhielten. So kam es,

dass ihn am Abend des 30. Juli in seinem Sommerhaus die Nachricht vom Tod seiner Schwester Carla erreichte, die sich wegen einer unglücklichen Liebschaft bei ihrer Mutter in Polling das Leben genommen hatte. Thomas Mann brach gleich am nächsten Morgen auf, um seine Mutter nach Tölz zu holen und das Begräbnis auf dem Münchener Waldfriedhof zu organisieren. In den folgenden Tagen traf auch Heinrich ein, und die gesamte Familie rückte in diesen schweren Tagen auf dem Tölzer Landsitz zusammen. Selbst Ida Springer, das Kinderfräulein aus Lübecker Zeiten, kam aus der Hansestadt angereist, um der Familie Beistand zu leisten.

Einen Monat später schien die erste Trauerphase überwunden zu sein; in einem Brief vom 3. September teilte Thomas Mann Paul Ehrenberg aufgeräumt mit:

> Gestern begingen wir hier sehr nett den 60. Geburtstag meines Schwiegervaters. Eine Unmenge Telegramme kamen, am Vorabend konzertierte die Kurkapelle in unserem Garten, beim Essen schwang ich mich zu einer Rede auf, und abends war Fackelzug und Gesang von Schulkindern. Ja, das Leben geht weiter, und so lange man nicht auch in solcher viereckigen, schwarzen, von Baumwurzeln durchwachsenen Erdgrube liegt, muß man ein bischen mitthun.[57]

Seine Arbeit hatte der Schriftsteller schon bald wieder aufgenommen. Den *Hochstapler*-Roman legte er für einige Wochen zugunsten einer essayistischen Einschaltung zur Seite; die Besprechung eines Bandes mit gesammelten Briefen Fontanes erschien unter dem Titel *Der alte Fontane* am 1. Oktober in Maximilian Hardens Zeitschrift *Die Zukunft*. Am 12. September fuhr Thomas Mann nach München zur Uraufführung von Gustav Mahlers Achter Symphonie. Wieder in Tölz, sandte er Mahler »als Gegengabe« für die »tiefen Eindrücke«[58] ein Exemplar von *Königliche Hoheit*. Ende des Monats fuhr die ganze Familie in die Stadt, um den Wohnungswechsel von der Franz-Joseph-Straße in die Mauerkircherstraße

13 in München-Bogenhausen zu bewerkstelligen. Anfang Oktober kehrte die Familie in ihr Landhaus zurück, wo Thomas Mann »nach 8tägiger Bummelei fast quälend nach« seinem »Manuskript«[59] verlangte. Doch ein weiteres familiäres Ereignis stand unmittelbar bevor: Am 6. Oktober wurde Monika in Bad Tölz getauft, woran sich wieder »Familien-Logierbesuch«[60] anschloss. Auch kam Georg Martin Richter auf eine Partie Tennis nach Tölz.

Thomas Mann entschloss sich, bis tief in den Herbst hinein in Tölz zu bleiben und den *Felix Krull* fortzuführen, am 23. Oktober meldete er Philipp Witkop: »Ich harre noch auf dem Lande aus und schreibe mit der nötigen Behutsamkeit an einem kuriosen Roman [...].«[61] Am 31. Oktober ging es dann endgültig nach München. Am Vortag wurde Georg Martin Richter unterrichtet: »Heute ist Packtag und morgen werden wir wieder Städter.«[62]

Kurz zuvor hatte Thomas Mann dem ortsansässigen Architekten Sigmund Egenberger, der die Bauarbeiten am Landhaus ausgeführt hatte, die Vollmacht erteilt, das neben dem Mannschen Landhaus freistehende Grundstück für den Preis von 5.800 M zu erwerben. Die Vollmachtserklärung wurde am 27. Oktober vor dem königlichen Notariat in Bad Tölz beglaubigt. Am 5. November trafen sich in den Amtsräumen des Notariats Bad Tölz Sigmund Egenberger und Hans Lindner, Bevollmächtigter der Grundstückseigentümerin Louise Schaeffer, um den Kaufvertrag zu unterzeichnen. Die in Bremen lebende Louise Schaeffer beauftragte, nachdem ihr Gatte, Dr. med. Philipp Friedrich Schaeffer, tot in einer Tiroler Gletscherspalte aufgefunden worden war, Hans Lindner, einen Tölzer Getreidehändler, das 0,351 ha große Grundstück zu verkaufen.[63] Mit diesem Zukauf vergrößerte Thomas Mann sein Grundstück auf insgesamt 1.387 ha, wodurch der Garten seine endgültige Größe erhielt. – Klaus Mann erinnert sich in *Kind dieser Zeit*:

> In den ersten Sommern war der Garten nur halb so
> groß, als wir ihn später kannten, man kaufte ein Stück
> dazu, was zur Folge hatte, daß Klein-Monika sich in
> dem neuen, unbekannten Gartenteil verirrte und bitter-

lich weinen mußte. Was denn hier für Leute wohnten, fragte sie, als sie unseres Hauses von einer ungewohnten Seite ansichtig wurde.[64]

Die Grunderweiterung hatte zur Folge, dass der zum Zwickerbauern führende öffentliche Fußweg, der zuvor zwischen dem ursprünglichen Grundstück und dem neu erworbenen lag, durch Thomas Manns eingezäunten Garten führte und somit nicht mehr begehbar war. Da die Passanten dadurch gezwungen waren, »über die nasse Wiese zu gehen,«[65] gingen Klagen beim Tölzer Magistrat ein. Thomas Mann musste einen dem Fußweg gleich großen Teil des neuen Grundstückes an die Stadt Tölz abtreten, damit der Zwickerweg wiederhergestellt werden konnte.[66]

Voralpines Meeresrauschen

Bereits Ende März 1911 schrieb Thomas Mann dem mit Heinrich Mann befreundeten und literarisch interessierten Rechtsanwalt Maximilian Brantl, er gehe auf ein paar Tage nach Tölz, um eine Blinddarmreizung auszukurieren.[67] – Im Mai trat er mit seiner Frau Katia und dem Bruder Heinrich eine einmonatige Dalmatien-Reise an, die ihn nach einem Besuch auf der Insel Brioni auch nach Venedig in das am Lido gelegene »Grand Hôtel des Bains« führte. Anfang Juni nach München zurückgekehrt, zogen die Manns einen Monat früher als die Jahre zuvor, am 14. Juni, in das Tölzer Landhaus um. Dem Münchener Dramatiker Josef Ruederer berichtete er:

> Zwischen der Lektüre Ihres »Schmiedes von Kochel« (den ich bei meiner Heimkehr vom Südmeer in München vorfand) und diesen Zeilen liegt unsere Übersiedlung auf das Land, das heißt ein paar unruhige und turbulente Tage, in denen ich nicht einmal Briefpapier zur Hand hatte, um Ihnen zu danken und Ihnen Rechenschaft zu geben über die Eindrücke, die Ihre Dichtung mir in solcher Stärke und Fülle vermittelt hat.[68]

Zu Beginn des Landaufenthaltes 1911 musste Thomas Mann zunächst einen Essay beenden, ein Vorwort für den von S. Fischer in der Pantheon-Ausgabe herausgegebenen Band *Peter Schlemihls wundersame Geschichte* von Adelbert von Chamisso. Der Aufsatz sollte zudem unter dem Titel *Chamisso* im Oktoberheft der *Neuen Rundschau* erscheinen. Als Ende Juni die Arbeit am Essay abgeschlossen war, nahm der Dichter den *Hochstapler*-Roman nicht wieder auf, sondern verfolgte in naher Erinnerung der venezianischen Erlebnisse neue Arbeitsabsichten. Am 3. Juli schrieb er Hans von Hülsen: »Uns hat der Aufenthalt am Meer recht gut gethan. Ich habe meine Chamisso-Studie heute in die Welt geschickt und spüre gute Lust, eine schwierige, wenn nicht unmögliche Novelle zu unternehmen.«[69] In den folgenden Tagen begannen die Vorarbeiten zu der – bis dahin noch namenlosen – Venedig-Novelle. Gut zwei Wochen später hieß es in einem Schreiben an Philipp Witkop:

> Wir erfreuen uns eines für oberbayrische Verhältnisse fast unerhört sonnigen Sommers. Ich bin in der Arbeit: eine recht sonderbare Sache, die ich aus Venedig mitgebracht habe, Novelle, ernst und rein im Ton, einen Fall von Knabenliebe bei einem alternden Künstler behandelnd. Sie sagen »hum, hum!« Aber es ist sehr anständig.[70]

Doch auch in diesem Jahr musste er seine Arbeit gelegentlich wegen eintreffender Besuche zurückstellen. »Alter schöner Sitte gemäß«[71] kam Georg Martin Richter nach Tölz, und damit Hans von Hülsen nicht wieder Wurzeln schlüge, wurde ihm zuvor der genaue Zeitplan seines Aufenthaltes mitgeteilt, der zudem Einblick in den Tölzer Tagesablauf Thomas Manns gibt:

> Programm: Sie kommen um ein Uhr 29 hier an, essen bei uns zu Mittag, thun nachher, was Sie wollen (denn ich Alternder ruhe von 1/2 4 bis 5); 5 Uhr Thee, hierauf Spaziergang, der schließlich zum Bahnhof führt, von wo Sie um 7 Uhr abreisen.[72]

Mitte Juli stand hoher Besuch ins Haus. Samuel Fischer machte auf der Durchreise nach Unterach einen Abstecher nach Bad Tölz, um das von den Erträgen der *Buddenbrooks* und *Königliche Hoheit* erbaute Landhaus in Augenschein zu nehmen. Bei dieser Gelegenheit bat er Thomas Mann, für einen Almanach anlässlich des fünfundzwanzigjährigen Bestehens des Verlags einen Beitrag zu liefern. Da der Autor nichts Fertiges zur Hand hatte, gab er seinem Verleger die Erlaubnis, einen Abschnitt aus dem unvollendeten *Hochstapler*-Roman zu drucken. Es handelte sich um die Begegnung Felix Krulls mit dem Schauspieler Müller-Rosé. Die Szene erschien unter dem Titel *Bruchstück aus einem Roman.*[73]

Die Manns mit Samuel Fischer (l.) und Karl G. Vollmoeller vor dem Tölzer Landhaus, ca. 1909. Thomas Mann Archiv der ETH Zürich, Keystone.

Anfang August fuhr Thomas Mann nach München, um Wagners *Götterdämmerung* zu hören. Carl Ehrenberg erhielt diese Einladungskarte:

Von da an sitzen wir vorläufig wieder fest auf unserer Scholle und sind immer zu treffen. Definitive Anmeldung durch Postkarte wäre aber angenehm. Wohnliche Fremdenzimmer. Kalte und warme Speisen. Civile Preise. Herzlichst T. M.[74]

Den ganzen Sommer über beschäftigte sich Thomas Mann ausschließlich mit der neuen Novelle, deren Anfang er seinem Bruder Heinrich anlässlich eines Besuches im September vorlas. – »Mir geht es leidlich und ich arbeite«[75] berichtete er Hans von Hülsen. Da aber Katias Gesundheit nach der Geburt der vier Kinder sehr angeschlagen schien – sie litt an »Temperatur-Unregelmäßigkeiten«[76] –, fuhr sie Anfang September mit ihren Eltern für zweieinhalb Wochen in das Hochgebirge nach Sils Maria; Thomas blieb mit den Kindern allein »mit den Hilfskräften«[77] in Tölz. Nach ihrer Rückkehr am 19. September war Katia noch immer »sehr schonungsbedürftig«[78] und konnte deshalb ihren Mann nicht zu der Premiere von Ruederers *Schmied von Kochel* nach München begleiten. Wieder auf dem Land, schrieb Thomas Mann an Hans von Hülsen:

Ich war zu Ruederers Premiere in der Stadt und bin gestern wohl nicht auf lange hierher zurückgekehrt, denn der Herbst läßt sich traurig an, und die Münchner Centralheizung lockt. [...] An meiner Novelle ist noch viel zu thun.[79]

Pünktlich zur Münchener Uraufführung von Arthur Schnitzlers Tragikomödie *Das weite Land* am 14. Oktober kehrte die Familie in die Stadt zurück.

Im März 1912 musste Katia wegen eines Lungenspitzenkatarrhs, einer Vorform der Lungentuberkulose, für sechs Monate in ein Davoser Sanatorium gehen. Thomas Mann besuchte sie dort vom 15. Mai bis zum 13. Juni. Noch vor seiner Abreise bat er seine Mutter Julia Mann, nach Tölz zu kommen, um auf die Kinder aufzupassen und dem Hauswesen vorzustehen.[80] Zwei Tage nach seiner

Rückkehr aus Davos, am 15. Juni, traf Thomas Mann in Tölz ein. Während der ersten Wochen wurde die im Vorjahr begonnene Novelle abgeschlossen, die inzwischen den Titel *Der Tod in Venedig* trug. Am 21. Juli schickte der Dichter das Manuskript ab; am gleichen Tag heißt es in einem Brief an Hans von Hülsen: »Meine Novelle ist soeben an Bie abgegangen. Ich bin neugierig, ob er anbeißt, möchte es sehr bezweifeln.«[81] Zunächst wurde sie im Oktober- und Novemberheft 1912 der *Neuen Rundschau* vorabgedruckt. Thomas Mann wollte seine Erzählung neben der üblichen Ausgabe im S. Fischer-Verlag aber auch als Luxusausgabe für Subskribenten publizieren. Sie erschien als »Hundertdruck« Ende 1912 in Hans von Webers Hyperion-Verlag; die bibliophile Kursivschrift auf weißem Büttenpapier passte besonders gut zum klassizistischen Charakter der Novelle.

Da Katia noch immer in Davos weilte, lud Thomas Mann diesen Sommer besonders viele Gäste ein. Es trafen ein: Heinrich Mann, Hans von Hülsen, Friedrich Huch, der mit dem Rad vom Tegernsee kam, Bruno Frank, der aus Paris anreiste. Hedwig Pringsheim kam direkt von einem Besuch bei Katia in Davos. Ihnen konnte er aus der eben beendeten Novelle vorlesen. In seinem *Lebensabriß* schreibt Thomas Mann:

> Ich lebte, als ich die Geschichte zu Ende schrieb, [...] allein mit den Kindern in Tölz, und der bewegte Anteil, den zu Besuch kommende Freunde bei abendlichen Vorlesungen in meinem kleinen Arbeitszimmer daran nahmen, mochte mich auf das fast stürmische Aufsehen vorbereiten, das sie bei ihrem Erscheinen in der Öffentlichkeit erregen sollte.[82]

Nach dem *Tod in Venedig* verfolgte Thomas Mann zunächst eine kleine Buchbesprechung über den soeben publizierten Roman Georg Hirschfelds *Der Kampf der weißen und der roten Rose*. Die Rezension erschien unter dem Titel *Ein Werk des Naturalismus* in den *Münchner Neuesten Nachrichten*.

Der Briefwechsel zwischen Thomas und Katia war während des Sommers sehr rege. Katia wusste ausführlich von ihren Beobachtungen im Sanatorium zu berichten, und ihren Gatten, der sich bereits ein eigenes Bild gemacht hatte, regten diese Schilderungen zu einem neuen Novellenplan an, von dem er im Tölzer Sommer 1912 eine noch recht vage Vorstellung hatte. Vorderhand widmete er sich dem zugunsten des *Tod in Venedig* unterbrochenen *Hochstapler*-Roman. Am 25. September kehrte Katia aus Davos nach Bad Tölz zurück, und man entschied, noch eine Weile zu bleiben. Einige Wochen später teilte Thomas Mann dem sich in München aufhaltenden Hugo von Hofmannsthal mit:

> Ich käme wahrhaftig gern, Sie zu sehen; aber unsere Übersiedlung steht ohnedies so nahe bevor [...],
> daß ich mich meines Romans wegen nicht entschließen kann, vorher noch einmal nach München zu fahren.
> [...] Oder erlaubt es Ihnen Ihre Arbeit, uns hier, wenn
> das gute Wetter sich hält, im Laufe der Woche einmal
> zu besuchen? Die Zugverbindungen sind jetzt freilich
> recht mäßig, aber die herbstliche Landschaft ist schön,
> und vielleicht würde der Ausflug Sie erfrischen.[83]

Ein Besuch Hofmannsthals in Tölz kam wieder nicht zustande; am 15. Oktober zogen die Manns in ihre Münchener Stadtwohnung.

Schon zu Beginn des Februars 1913 begab sich die Familie erneut für einige Wochen auf das Land. Bei dieser Gelegenheit lud Thomas Mann den Bonner Germanisten Ernst Bertram ein, mit dem er seit dessen Referat über *Königliche Hoheit* vor der Literarhistorischen Gesellschaft Bonn im November 1909 Briefe wechselte, ohne ihm bis zu diesem Zeitpunkt persönlich begegnet zu sein. Er riet ihm, nur bei gutem Wetter zu kommen, »denn die Fahrt« sei »bei den schlechten Winterverbindungen ohnehin eine Zumutung.«[84] Bertram ließ sich nicht abhalten und fuhr um den 20. Februar nach Tölz, wo er mit den Manns zu Mittag aß und am gleichen Abend nach München zurückkehrte. So kurz der Besuch war, in seiner Folge entwickelte sich zwischen Thomas Mann und dem jungen Gelehrten eine enge Freundschaft, die dazu führte, dass Bertram wiederholt zu Gast im Tölzer Landhaus war. – Da die beiden ältesten Kinder inzwischen schulpflichtig geworden waren, musste man am 23. Februar in die Stadt zurückkehren.[85]

Noch im Frühjahr erwarb Thomas Mann ein im Herzogpark an der Poschingerstraße 1 gelegenes Grundstück, auf dem während des Sommers ein Stadthaus errichtet wurde, das im folgenden Jahr bezogen werden sollte. Die Lage der Villa würde trotz ihrer Stadtnähe, die Theater- und Konzertbesuche jederzeit möglich machte, eine beinah ländliche Abgeschiedenheit bieten, da die Erschließung der Gegend des Herzogparks entlang der Isar damals erst begann. Wegen dieser Vereinigung städtischer und ländlicher Eigenschaften erwog Thomas Mann schon im März 1913, das somit unzweckmäßig gewordene Tölzer Landhaus zu veräußern. »Jetzt bauen wir vor der Stadt und werden das Landhaus wohl bald verkaufen. Dann fahren wir im Sommer mit den Kindern an die Ostsee und machen Ihnen in Lübeck unsere Aufwartung«,[86] schrieb er am 24. März 1913 an Ida Boy-Ed. Anfang 1914 beabsichtigte man, in das Stadthaus einzuziehen, und da die Stadtwohnung in der nahegelegenen Mauerkircherstraße durch die anstehenden Umzugsarbeiten unwirtlich werden würde, zog man es vor, die Wohnung vorzeitig aufzugeben und den Rest des Jahres zum größten Teil in Tölz zu verbringen. – Da die Kinder Keuchhusten hatten, zog die Familie schon Ende April 1913 hinaus. Kurz darauf musste Thomas Mann wieder nach München eilen, um die Trauerrede für den am 12. Mai plötzlich verstorbenen Friedrich Huch zu halten, der noch im vorigen Sommer Gast in der Tölzer Villa gewesen war. Die in Tölz verfasste Gedächtnisrede *Bei Friedrich Huchs Bestattung* sandte Thomas Mann nach seiner Rückkehr an die *Süddeutschen Monatshefte*, in denen sie im Juni publiziert wurde.

Die Kosten für den Münchener Neubau summierten sich schnell und legten den möglichst baldigen Verkauf des Landhauses nahe. In einem Brief vom 1. Juni schrieb Thomas Mann an Kurt Martens:

Du sprachst mir neulich von einem Herrn, der sich für meine Tölzer Besitzung interessiere. Ich sagte, daß ich sie gern noch ein paar Jahre behalten wolle. Wenn sich aber schon jetzt eine annehmbare Verkaufsgelegenheit bieten sollte, würde ich diese nicht ausschlagen; denn wenn man überhaupt verkaufen will, muß man die erste Gelegenheit ergreifen. Ich verkaufe das Haus *mit Einrichtung* und 4 Tagewerk großem Garten für 80.000 M, wovon 12.000 als Hypothek auf dem Haus stehen, – die ja leicht zu vergrößern wäre. Der Interessent ist eingeladen, sich das Anwesen im Sommer einmal anzusehen.[87]

Ganz leicht fiel Thomas Mann, wie man liest, der Entschluss zur Veräußerung nicht. Wer der Interessent war und ob er zu einer Besichtigung nach Tölz kam, lässt sich anhand der Quellen nicht ermitteln. Der Verkauf kam jedoch nicht zustande, und in den folgenden Briefen des Jahres 1913 ist davon nicht mehr die Rede.

Am 13. Juni fuhren Thomas und Katia erneut nach München, um nach den Umzugsarbeiten zu sehen und gleich im Anschluss für drei Wochen nach Viareggio an die ligurische Küste zu reisen.

Einen Monat später, am 16. Juli, war man wieder in Tölz, und Thomas Mann unterbrach aufs neue die Arbeit am *Hochstapler*-Roman, um sich der Davos-Novelle zu widmen. An Ernst Bertram schrieb er am 24. Juli:

Ein dreiwöchiger Aufenthalt am südlichen Meer hat mir wieder recht wohl gethan. Trotzdem lasse ich meinen wunderlichen Roman noch weiter liegen und bereite zunächst noch eine Novelle vor, die eine Art von humoristischem Gegenstück zum »Tod i[n] V[enedig]« zu werden scheint.[88]

Die Vorbereitungen zu der Novelle, die zunächst *Der verzauberte Berg* heißen sollte, wurden durch eine kleine Abhandlung unterbrochen. Für den nachgelassenen Roman *Nacht und Tag* des kurz zuvor verstorbenen Dichters Erich von Mendelssohn schrieb Thomas Mann ein Vorwort, das unter dem Titel *Vorwort zu einem Roman* in der Novemberausgabe der *Süddeutschen Monatshefte* vorveröffentlicht wurde. Anfang September scheint er den Novellenplan wieder aufgenommen zu haben: »Ihr Styl ist ganz anders, bequem und humoristisch«,[89] teilte er Hans von Hülsen mit. Und in einem Brief an Ludwig Ewers erkundigte sich Thomas Mann, ob ein »junger Hamburger aus guter Familie [...]«, »der Ingenieur werden und sich dem Schiffsbau widmen will«,[90] am Hamburger Technikum studieren würde. – Das Bild des Helden seiner Erzählung schien konkrete Form anzunehmen.

Wie in den Jahren zuvor lud Thomas Mann etliche Gäste ein, ihn in seiner »Abgeschiedenheit«[91] zu besuchen. Am 25. Juli fuhr Ida Boy-Ed von ihrem Ferienaufenthalt in Bad Aibling nach Tölz, damit er ihr endlich Katia und die Kinder vorstellen konnte, und am 22. August wurde Ernst Bertram eingeladen, die Familie Mann zu besuchen: »Wir lassen Sie aber nicht gleich wieder fort, wie das erste Mal; Sie müssen mit dem etwas harten Bett unseres Fremdenzimmers Bekanntschaft machen.«[92] Im gleichen Monat kam der ungarische Bankier und Mitherausgeber der Tageszeitung *Világ* Ödön Halasi Fischer aus Budapest für einen Tag nach Tölz, um Thomas Mann zu interviewen. Das Gespräch wurde am 31. August 1913 in *Világ* veröffentlicht; es bietet eine atmosphärische Impression des Ortes und gibt einen Einblick in die dortige Lebensweise der Manns:

> Anderthalb Stunden von München, in Fichtenwäldern, am Fuße der bayrischen Alpen, 670 Meter über dem Meeresspiegel, am Ufer der Isar liegt das kleine Bad mit den Jodquellen und seinen sechstausend Badegästen. Umgeben von Bergen, von einem brausenden Fluß durchschnitten, umstanden von schlanken Fichten. Es gibt elektrische Beleuchtung, die Autostraßen sind gepflegt, in den Gärten blühen Blumen, die zwei-

geschossigen kleinen Hotels und Privatvillen sind mit Dampfheizung versehen, viele, sehr viele Geranien in den Fenstern, die Häuser sehen aus wie das Pfefferkuchenhaus aus dem Märchen, ein altes, mit Fresken geschmücktes Rathaus, strahlende Geschäfte. Ein beliebter Ausflugsort – Kultur im Kleinformat. Ein liebenswürdiges, kleines Nest, wie geschaffen zum Ausruhen, und wer die Bäder nicht benutzt, findet in der schönen Natur alles, was Herz und Kopf erfrischt.

In dieser Saison geht es lauter zu als sonst, es wird ein Manöver abgehalten. An den Hauswänden sind mit Kreide Formation und Anzahl der einquartierten Soldaten vermerkt. Durch die Straßen schlendern hübsche, hochgewachsene Burschen – die Mädchen sind gut dran im Augenblick. In drei Lokalen wird Musik gemacht, sogar Wagner spielt man. Die Soldaten haben Leben in den Ort gebracht, die verträumte Stille verscheucht.

Doch die Veränderung ist nur im Tal bemerkbar. Die Bewohner der am Berghang gelegenen Villen spüren nichts von all dem, höchstens dringen ein paar abgerissene Töne der Musik zu ihnen hinauf. Sonst leben sie in ihren kleinen Burgen ruhig und zufrieden dahin.

Oben auf dem Berg liegen einige Villen mitten im Wald. Sie gehören geistigen Arbeitern, die Stille brauchen, viel Naturschönheit und frische Luft, damit sie schaffen können. Mitten im Wald wird ein Sanatorium für augenleidende Kinder gebaut, auf Kosten des Prinzregenten.

In einer dieser Villen am Waldrand, wo sich kaum ein Mensch sehen läßt, wohnt Thomas Mann, der größte Romancier des heutigen Deutschland. Ihm gehören das Haus und der mit einem Zaun versehene Blumengarten, von dem aus man ins Tal hinuntersehen kann, auf den

Ort, und von der großen Terrasse aus erkennt man die
blauen Umrisse der Bayrischen Alpen.
[...] Es ist fünf Uhr am Nachmittag. Auf der Terrasse
erhebt sich ein Mann und eilt mir entgegen. Er stellt
sich vor, reicht mir lächelnd die Hand. [...] »Sehen
Sie, so leben wir im Sommer. Vor sechs [richtig: vier]
Jahren ließ ich die Villa bauen, mindestens drei Monate des Jahres verbringen wir hier. Es ist still und grün,
wohin man schaut. Aber im Winter halten wir es nicht
aus, dann brauchen wir die Stadt, in der ständig etwas
geschieht, die belebten Straßen«. [...] Die Frau spielt
mit den Kindern, wir gehen in dem prachtvollen Garten
spazieren, der große Hund des Hausherrn trottet hinter
uns her.
[...] Thomas Mann zeigt mir seine Wohnung – sieben
große Zimmer, elegant und sehr bequem eingerichtet,
mit Plastiken, Bildern, Perserteppichen. Vom Arbeitszimmer mit den drei Fenstern hat man eine wundervol-
le Aussicht, auf dem Tisch ein Telephon, Bücher, Ho-
mers »Ilias«, einige Bände von Hermann Bahr, Erzählungen von Schnitzler, Maeterlinck auf Französisch.
[...] »Der Tod in Venedig« liegt in einer Prachtausga-
be auf dem Tisch, ein numeriertes Exemplar. [...] Der
Postbote kommt. Er bringt Briefe und Päckchen. In einem Päckchen sind Photos, Aufnahmen von ihm. Wir
betrachten sie, dann bietet er mir eine an, zur Erinnerung an den heutigen Tag. [...] Die Lampen werden
angezündet, mein Zug fährt auf dem Bahnhof ein, ich
muß mich beeilen.[93]

Das hohe Aufgebot an Soldaten sowie die Militärkonzerte dienten
dazu, ein Jahr vor dem Krieg »den vaterländischen Geist der Be-
völkerung zu stärken«,[94] wie Golo Mann sich später entsann. Auch
Thomas Manns jüngster Bruder Viktor, der 1913 selbst als Vize-
wachtmeister der Reserve zu Manöverübungen nach Tölz kam, er-

innerte sich, dass der Marktflecken von Soldaten wimmelte.[95] – Dem damals durchaus patriotisch gesinnten Thomas Mann wird dies in seiner Arbeitsruhe kaum gestört haben.

Der Landaufenthalt wurde in diesem Jahr besonders weit ausgedehnt; am 4. November erklärte der Dichter seiner mütterlichen Kollegin Ida Boy-Ed: »Wir sind noch hier, weil wir ›mein neues Stadtpalais‹ [...] gut austrocknen lassen wollen. Übrigens war ja der Herbst bisher so glanzvoll, daß es geradezu Pflicht war, auf dem Lande zu bleiben.«[96] Katia verließ die Familie am 14. November, um in Meran einen Bronchialkatarrh auszukurieren. Mit den Kindern allein in Tölz, schrieb Thomas Mann »rasch und eilig«[97] einen Artikel über Bruno Franks Lyrikband *Requiem*, der im März des folgenden Jahres in Hans von Webers Zeitschrift *Der Zwiebelfisch* erschien.

Anfang Dezember trat Thomas Mann eine sechstägige Lesereise an, die ihn nach Wien und Budapest führte, wo er seinen Interviewer Halasi Fischer wieder traf. Am 10. Dezember nach Tölz zurückgekehrt, fuhr er fort, an der Novelle zu arbeiten, die inzwischen den Titel *Der Zauberberg* trug und »noch lange nicht fertig«[98] war, wie er Hans von Hülsen mitteilte. Am 21. Dezember kehrte Katia aus Meran nach München zurück; wenige Tage zuvor waren Thomas und die Kinder dort eingetroffen, um gemeinsam im schwiegerelterlichen Stadtpalais Weihnachten zu feiern.

»Gladius Dei super terram«

Am 8. Juli 1914 siedelten die Manns von ihrer inzwischen bezogenen Stadtvilla in der Poschingerstraße in die ländliche Sommerfrische.[99] Thomas Manns Schwester Julia und ihr Gatte Bankier Hofrat Josef Löhr hatten beschlossen, diesen Sommer ebenfalls in Tölz zu verbringen; sie wohnten mit ihren drei Töchtern, Eva-Marie sowie den Zwillingen Rose-Marie und Ilse-Marie, in der dem Mannschen Landhaus benachbarten Villa.[100] Der im Vorjahr gefasste Entschluss, das Landhaus zu verkaufen, bestand noch immer, und so fand sich in der »Inseraten-Beilage zur Neuen Rundschau« (Heft 7) vom Juli 1914 eine Anzeige, die das Landhaus Thomas Mann mit folgendem Text offerierte:

Modernes Landhaus

Landhaus Thomas Mann in Bad Tölz:

Zehn Zimmer und zwei Mädchenzimmer, Bad, Waschküche und reichliche Nebenräume, Balkone und große Wohn-Veranda, alles vollständig möbliert, ist zu verkaufen. Dazu gehört über fünf Morgen großer Garten, Tennisplatz, Gartenhäuschen.

Absolut ruhige, staubfreie Lage, Blick auf Gebirge und Isartal. Wald und Schwimmbad in nächster Nähe. Offerten befördert die Expedition der Neuen Rundschau, Berlin W., Bülowstraße 90.

Verkaufsannonce des Tölzer Landhauses aus der
Inseraten-Beilage zur Neuen Rundschau, Juli 1914.
Sammlung Albert von Schirnding, Harmating.

Es scheint, dass mit diesem Inserat eine bestimmte Klientel angesprochen werden sollte, da es nicht im Immobilienteil einer großen Tageszeitung publiziert wurde, sondern in der Hauszeitung des Fischer-Verlags, der *Neuen Rundschau*. Vermutlich wegen des nahenden Krieges kam der Verkauf des Feriendomizils auch in diesem Jahr nicht zustande.[101]

Eine Woche nach der Übersiedlung fuhr Thomas Mann zu einer Lesung nach Freiburg;[102] nach der Rückkehr meldete er Philipp Witkop, bei dem er während der Lesereise Quartier genommen hatte: »Hier regnet es seit Tagen ununterbrochen, und ich sitze in geheiztem Zimmer. Aber mir ist noch ganz warm ums Herz von den Freiburger Erlebnissen.«[103] Den Rest des Monats Juli war Thomas Mann »munter bei der Arbeit«,[104] wie er Witkop mitteilte, und schrieb am *Zauberberg* weiter, bis der Kriegsausbruch seinem

Rückansicht Landhaus Thomas Mann.
Thomas-Mann-Förderkreis München e.V., Sammlung Anita Naef.

Schaffen eine auf Jahre hin anhaltende Wendung gab. Wenige Tage zuvor hatte er seinem Bruder Heinrich geschrieben: »Wir hören eben, daß in einigen Stunden die telephonische und telegraphische Verbindung mit München inhibiert werden soll, da sie für militärischen Bedarf frei gehalten werden muß. So weit ist es noch nicht gekommen, so lange wir leben.«[105] Es war das siebte Jahr der Familie Mann in Bad Tölz, als es zu dem Donnerschlag des Kriegsausbruchs kam; die Szenerie ist in den Autobiographien der ältesten Mann-Kinder festgehalten. Erika, Klaus, Golo und Monika saßen mit ihren drei Cousinen im Garten der von den Löhrs gemieteten Villa und probten ein Theaterstück, die mythologische Fassung von *Die Büchse der Pandora*, das im Mannschen Garten aufgeführt werden sollte, als das Kinderfräulein erschien und mitteilte, die Vorstellung müsse ausfallen, da dem Deutschen Reich soeben der Krieg erklärt worden sei. Die Kinder verstanden nicht und wollten die Eltern um Rat fragen. So eilte die Gruppe auf das Mannsche Grundstück, wo sie Thomas und Katia bei der abendlichen Liegekur auf der Veranda des Landhauses fanden.

> Der Vater stand [...] feierlich vertieft in den Anblick von Bergen und Himmel. Es war ein Sonnenuntergang von ungewöhnlicher Pracht, beinah beängstigend großartig, der flammende Horizont verschwenderisch in purpurne, bläuliche und silberne Töne getaucht. Die zackigen Kurven der Bergspitzen hoben sich in eisiger Klarheit von diesem fiebrig belebten Hintergrunde ab. Der Vater wandte seinen Kopf nicht gegen Mielein, auch bemerkte er unsere Gegenwart nicht, als er mit gesenkter, ernster Stimme sagte: »Nun wird auch bald ein blutiges Schwert am Himmel erscheinen.«[106]

Noch am gleichen Tag fuhren Mutter und Kinder mit einem Leiterwagen in den Ort hinunter, um sich in den Geschäften mit einer ausreichenden Menge von Lebensmitteln einzudecken – das Hamstern begann. Am ersten Mobilmachungstag begaben sich Thomas und Katia sowie die Familie Löhr trotz verstopfter Bahnhöfe nach München, da Thomas Manns jüngster Bruder Viktor kriegsgetraut wurde; Viktor wollte seine Verlobte Nelly Kilian noch heiraten, bevor er einrücken musste. Die Kinder waren in Tölz geblieben, Klaus Mann schildert in seiner Autobiographie *Der Wendepunkt* die Atmosphäre kurz nach Kriegsausbruch:

> Die kleine Stadt schwirrte vor Gerüchten und Prophezeiungen. Düstere Geschichten über feindliche Geheimagenten wurden eifrig auf dem Marktplatz diskutiert. Der Mann vom Telegraphenamt erging sich in alarmierenden Andeutungen, chiffrierte Depeschen

betreffend, die über seine Funkstation gegangen waren und klar anzeigten, daß das Trinkwasser in Tölz
und den benachbarten Orten vergiftet war. Eine älte-
re Dame, die seit mehreren Wochen im Gasthaus zum
Goldenen Hirschen logierte, wurde beinahe vom Pö-
bel gelyncht, weil sie mit einem fremdländischen Ak-
zent sprach und überhaupt einen verdächtigen Eindruck
machte. Die Züge waren überfüllt, die Hotels verödet.
Die Sommerfrischler hasteten zum Bahnhof, als ob
Tölz und das benachbarte Krankenheil dazu bestimmt
seien, über Nacht zum Kriegsschauplatz zu werden.[107]

Die Eltern kehrten ohne die Löhrs, die ihren Landaufenthalt ab-
brachen, nach Tölz zurück und wollten »den Lauf der Dinge vorderhand hier abwarten«,[108] wie Thomas Mann an seinen Bruder
Heinrich schrieb. Die Zugverbindung nach München war in den folgenden Wochen sehr schlecht, man fuhr circa vier Stunden, daher
wurde beschlossen, bis in den September hinein in Tölz zu bleiben. Ohnehin war das Landhaus durch den Ausbruch des Krieges
»vorderhand unverkäuflich«[109] geworden.

In den ersten Kriegswochen verhielt sich Thomas Mann – auch
gegenüber seinem sozialistisch gesinnten Bruder Heinrich – als guter Patriot. Er stellte das, was er sein »Musizieren« nannte, nämlich
das epische Schreiben – somit auch die Arbeit am *Zauberberg*, dessen Vorbestimmung es nun war, mit dem Kriegsausbruch zu enden
– vorerst zurück, um »den Kopf einmal unmittelbar in den Dienst
der deutschen Sache zu stellen.«[110] So entstand in den letzten Wochen des Tölz-Aufenthaltes der im Novemberheft der *Neuen Rundschau* publizierte Aufsatz *Gedanken im Kriege*, in dem der Autor
dem Krieg einen künstlerischen und kulturellen Wert zu verleihen
suchte.

Kurz nach Weihnachten 1914 ging die Familie Mann abermals
nach Tölz. Thomas Mann begründet den ungewöhnlichen Zeitpunkt
in einem Brief an Philipp Witkop vom 19. Januar 1915:

Wir sind hierher zur Erholung gegangen. Die Kinder
waren viel krank, auch meine Frau mitgenommen von
der Pflege und ich selbst mit den Nerven übel dran.
Aber nach den politischen und historischen Exkursio-
nen habe ich hier doch zum »Zauberberg« zurückzufin-
den getrachtet und schreibe wieder. Wir haben phänomenal scheußliches Wetter gehabt, werden aber augen-
blicklich durch prachtvolle Wintertage entschädigt.[111]

Im Hinblick auf den Roman las Thomas Mann während dieser Wochen *Die andere Seite*, den »phantastischen Roman«, so der Un-
tertitel, des Zeichners und Illustrators Alfred Kubin, der 1903 den
Umschlag der Erstausgabe für Thomas Manns Novellenband *Tris-
tan* entworfen hatte.

Am 23. Januar kam Hedwig Pringsheim, ein regelmäßiger Gast
im Tölzer Landhaus, zu Besuch und vertraute ihrem Notizbuch das
Ärgernis an, in dem »überfüllten, mit Skifahrern besetzten Coupé
III. Klasse sehr unangenehm gereist«[112] zu sein. Am 4. Februar
kehrte man nach München zurück,[113] von wo Thomas Mann am
17. Februar Ernst Bertram von seinem winterlichen Landaufenthalt
mit starkem Schneefall berichtete:

> [...] wir waren unterdessen sechs Wochen in Tölz –
> ein Schneeabenteuer war es, ich hatte so viel Schnee in
> meinem Leben noch nicht gesehen und habe eigentlich
> bei dieser Gelegenheit erst Bekanntschaft mit diesem
> Element gemacht [...].[114]

Im März bot Thomas Mann in einem Schreiben an den Tölzer Regierungsrat Stridinger das Landhaus erneut zum Verkauf an:

> Die Preise für das Tölzer Anwesen (mit oder ohne Ein-
> richtung), die ich Ihnen gestern angab, waren diejeni-
> gen, die wir vor dem Kriege angesetzt hatten. Wir se-
> hen ein, daß wir sie unter den jetzigen Umständen her-
> absetzen müssen. Der Besitz soll also mit Einrichtung

70.000 M, ohne Einrichtung 65.000 M kosten, wobei ich bemerke, daß eine Hypothek von M 12.000 auf dem Anwesen steht. Bitte haben Sie die Güte, der Interessentin diese Angaben zu übermitteln.[115]

Die Hypotheken, die auf beiden Häusern lagen, sowie die Kosten für ihre Instandhaltung drängten zunehmend auf eine Veräußerung der Tölzer Villa, so dass der durch den Krieg verursachte Wertverlust in Kauf genommen werden musste. Doch auch dieser Verkaufsversuch scheiterte.

Im Frühsommer 1915 erkrankten zunächst Golo und Monika, dann Erika und Klaus an einer akuten Blinddarmentzündung; sie alle mussten operiert werden. Dieses beinah epidemische Vorkommnis verlief bei Golo, Monika und Erika ohne Komplikationen, doch der neunjährige Klaus rang wochenlang mit dem Tod. Man hatte ihn schon fast aufgegeben, als sein Zustand cine durch kleinere Rückschläge immer wieder aufgehaltene Besserung erfuhr und er einen langen Genesungsweg antrat. Die erschöpfte Katia erlitt nun mysteriöserweise ihrerseits eine Blinddarmentzündung und musste ebenfalls operiert werden. Diese Krankheitsfälle machten eine Übersiedlung nach Tölz im Sommer 1915 erst zu einem späteren Zeitpunkt möglich. »[...] wir hoffen«, schrieb Thomas Mann am 17. Juli an Maximilian Brantl, »in einigen Wochen doch noch nach Tölz zu kommen, in das wir alle großes Vertrauen setzen.«[116]

Am 5. August stand Klaus Mann »auf seinen fleischlosen Beinen«[117] und so konnte man endlich hinausziehen. In seiner Erinnerung blieb von den qualvollen Wochen der Krankheit nichts übrig, er entsann sich nur der Rekonvaleszenz im Tölzer Garten. Im *Wendepunkt* berichtet er:

Von der Krankheitsperiode ist nichts übriggeblieben als ein flüchtiger Alptraum von erstickender Finsternis und dörrender Hitze. Er beginnt im schaukelnden Sanitätsauto und endet scheinbar am nächsten Morgen in unserem Tölzer Garten. [...] Ich halte ein großes Glas

Orangensaft in meiner Hand. Ausgestreckt auf einem
Liegestuhl im Schatten des Kastanienbaumes, atme ich
die schwere duftgesättigte Luft von Sommer und Ge-
nesung.[118]

Zwei Tage nach der Übersiedlung meldete Thomas Mann dem Wie-
ner Germanisten und Romanisten Paul Amann: »Ich [...] bin nun
schon in Tölz, in meinem kleinen Arbeitszimmerchen mit dem nai-
ven Blick auf Wiese, Fichtenzaun und Waldgründe. Ein unermüd-
licher oberbayrischer Regen geht hernieder.«[119] Er arbeitete zu Beginn des Aufenthaltes an seinem Roman, doch das Gefühl, über die
Geschehnisse der Zeit Rechenschaft ablegen zu müssen, ließ ihm
keine Ruhe.[120] »Die ländliche Stille erlaubt es mir, an meinem Roman fortzuspinnen, aber es ist ja dafür gesorgt, daß man politisch in
Atem bleibt«,[121] äußerte er in einem Brief vom 20. August an einen
Redakteur der *Vossischen Zeitung*. An den im Feld stehenden Paul
Amann hatte er bereits kurz nach seiner Ankunft in Tölz in einem
im »Sauerstoffrausch«[122] abgefassten Brief geschrieben:

Und dabei geben die Zeitereignisse dem Kopf und dem
Herzen so Unendliches zu arbeiten und zu bewältigen,
daß ich in diesem Augenblick nicht weiß, ob ich wei-
terfabulieren darf und soll oder mich zu einer gewis-
senhaften und bekennend-persönlichen essayistischen
Auseinandersetzung mit den brennenden Problemen
zusammennehmen muß.[123]

Dieses »bekennend-persönliche« Gedankengut konnte im *Zauberberg* nur schwer untergebracht werden, und so nahm Thomas Mann
jene essayistische Abhandlung in Angriff, die ihn bis zum Ende
des Krieges beschäftigen sollte und später den Titel *Betrachtungen eines Unpolitischen* erhielt. Für den Rest des Tölz-Aufenthaltes
war Thomas Mann mit den Vorarbeiten zu dem Essay beschäftigt.
Am 13. Oktober kehrten die Manns »recht erkältet« wegen eines

»außergewöhnlich häßlichen Tölzer Herbstes«[124] in die Poschingerstraße zurück.

In den letzten Wochen dieser Sommerfrische starb ein jahrelanger Begleiter der Familie und Spielgefährte der Kinder. Der schottische Schäferhund Motz, das Vorbild des Hundes Perceval im Roman *Königliche Hoheit*, musste erschossen werden, da das Rassetier an einer Hautkrankheit litt. Thomas Mann unterrichtete am 1. Oktober Paul Amann:

> Vor wenigen Tagen hat das Urbild des Perceval, unser Colly, im Leben bloß »Motz« genannt, das Zeitliche gesegnet. Das heißt, es ist ihm gesegnet worden. Da der Gute und einst so Schöne an häßlichen Hautwucherungen erkrankte, deren Behandlung der Veterinär für aussichtslos erklärte, und da er auch sonst sehr nachgelassen hatte, so fanden wir, daß seine Existenz seiner nicht mehr würdig sei und ließen ihn durch den hiesigen Büchsenmacher zwei gute Kugeln verabfolgen, eine ins Rückgrat und eine zu Sicherheit noch in den Kopf. Er war sofort tot. Wir sind froh, daß wir den Genossen eines Jahrzehnts nicht dem Wasenmeister überantwortet haben, – einer Gestalt von widerlicher Dämonie in unserer Vorstellung. Denn nun ruht Motz von allen seinen edelmütigen Verrücktheiten in einem gut bürgerlichen Grab am Waldesrand, hinter unserem Garten, aus. Die Kinder, mit denen er sehr befreundet war, haben Blumen darauf gelegt, und auch an einem Stein fehlt es nicht, einem ausgedienten Feldgrenzstein mit seinem Namen als schlichter Inschrift.[125]

Auch Monika Mann räumte Jahrzehnte später dem Tod des Collies in ihrer Autobiographie *Vergangenes und Gegenwärtiges* einen Platz ein:

> Als der Gang von Motz zu schwankend, sein Auge zu rollend, sein Maul zu schäumend, sein siebzehnmaliges

jaulendes Drehen zu schnell geworden waren, mußte er erschossen werden. [...] Es herrschte Trauer, und die folgenden Sommer saßen wir um sein Grab, das wir mit Efeu und Dahlien schmückten und mit einem schönen Stein.[126]

Das Grab hat sich bis heute erhalten, wenn auch nicht in seiner ursprünglichen Form; der Feldgrenzstein wurde ausgetauscht, doch noch heute wachsen Dahlien auf den aufgehäuften Steinen am hinteren Rand des Gartens.

Im Frühjahr des Jahres 1916 fuhren die Manns über die Osterferien am 7. April in ihre Tölzer Villa. Einen Tag später klagte Hedwig Pringsheim aus München ihrem Briefpartner Maximilian Harden: »Meine Manns sind, nachdem sie an Krankheiten das Menschenunmögliche geleistet, seit gestern in ihrem Landhaus in Tölz. Weiß Gott, was sie da wieder ausbrüten werden: es ist eine hoffnungslose Familie.«[127] – Thomas Mann war in den Wochen vor der Übersiedlung an einer starken Influenza erkrankt und als diese kaum überwunden war, hatte er an einer Gesichtsrose zu laborieren. Wie so häufig versprach man sich von dem Tölz-Aufenthalt Erholung. Doch kaum war man angekommen, schlug das milde Frühjahrswetter um: »Wir sind seit 8 Tagen hier. Es war Sommer, als wir kamen, und nun stöbern die Flocken vor meinem Fenster.«[128] Während dieser Wochen schrieb er, zwar noch sehr geschwächt, jedoch entschieden konzentriert, an den im Vorjahr begonnenen *Betrachtungen eines Unpolitischen*. Von dem Inhalt seiner Arbeit berichtete er Paul Amann aus Tölz:

> Es handelt sich um den literarisch-politischen Typus, den ich den »Civilisationsliteraten« nenne, und der die Literarisierung, Radikalisierung, Intellektualisierung, Politisierung, kurz: Demokratisierung Deutschlands betreibt.[129]

In diesen Wochen der Rekonvaleszenz las Thomas Mann viel russische Literatur. Von jeher gehörten Dostojewski und Tolstoi zu seinen Vorbildern, auch hegte er in diesen Zeiten für Russland mehr Sympathie als für die westlichen Länder.[130] So bezeichnet er in einem Schreiben an Paul Amann vom Ostersonntag 1916 das Münchener Stadthaus »Winterpalais« und sein Tölzer Landhaus nach dem Zarendorf bei St. Petersburg »Zarskoje-Sselo«.[131]

Über den Verlauf seines Landaufenthaltes schrieb Thomas Mann dem Schriftstellerkollegen Jakob Wassermann am 27. April:

> Die Besserung meines Befindens hat die Übersiedlung hierher doch sehr beschleunigt; ich bin wieder ziemlich so wohl, wie ich es normaler Weise bin, und arbeite regelmäßig an meiner Abhandlung. Sie nimmt mir Zeit, viel Zeit, und ich bin nicht mehr jung; aber ich denke, wenn Sie sie einmal lesen, werden Sie verstehen, warum ich mir die Zeit dazu nehmen mußte.[132]

Mitte Mai verließen die Manns Tölz, da die Kinder wieder zur Schule mussten.

Am 14. Juli 1916 zog die Familie wieder hinaus. Einen Tag nach der Übersiedlung sandte Thomas Mann Ernst Bertram eine Ansichtskarte: »Einen schönen Gruß aus dem Asyl. Sobald wir gestern einpassiert waren, brach der Regen los. Aber man fühlt sich doch gleich freier, u[nd] ich hoffe, fleißig zu sein.«[133] Bertram, der dem Verfasser der *Betrachtungen* wegen seiner umfangreichen Kenntnisse der deutschen Literatur, vor allem der Romantik, ein unentbehrlicher Berater geworden war und an einem Buch über Nietzsche schrieb, das mit den *Betrachtungen* einige Gemeinsamkeiten aufwies, war eingeladen, diesen Sommer nach Tölz zu kommen. Aber er wurde kurzfristig einberufen, und Thomas Mann musste ohne seine Hilfe an dem Aufsatz fortschreiben, den er bis zum Herbst abzuschließen gedachte.

Rückblickend schrieb er: »[...] nicht der Staat und die Wehrmacht waren es, die mich ›einzogen‹, sondern die Zeit selbst: zu mehr als zweijährigem Gedankendienst mit der Waffe [...].«[134] Ende Juli wurde Thomas Mann von einer schweren Nervenkrise heimgesucht, die ihn zwang, seine Arbeit acht Tage niederzulegen. Auch den Rest des Sommers machte der Essay nur schleppende Fortschritte. Dies hatte zur Folge, dass seine Stimmung zunehmend gereizter wurde. »Geburtstagstee u. Abend en famille, ganz gemütlich, nur Tommy garnicht«,[135] notierte Hedwig Pringsheim in ihr Notizbuch, als sie wegen Katias Geburtstag am 24. Juli nach Bad Tölz kam. Immerhin konnte das Kapitel *Einkehr*, das im März 1917 in der *Neuen Rundschau* vorabgedruckt wurde, in Tölz beendet werden. Auch der Beginn der Niederschrift des Abschnitts *Gegen Recht und Wahrheit* und die Vorarbeit zu einem Aufsatz über die bibliophile Neuausgabe von Eichendorffs *Taugenichts* im Verlag Hans von Webers, der unter dem Titel *Der Taugenichts* im Novemberheft der *Neuen Rundschau* veröffentlicht wurde, fiel noch in den insgesamt freilich unergiebigen Tölzer Sommer.

Ein freudiges Ereignis war aber zu verzeichnen: Die Familie konnte einen Nachfolger für ihren im Vorjahr gestorbenen Hund Motz finden. Die Wirtin der westlich von Tölz gelegenen und noch heute bestehenden Bergwirtschaft »Alpenhaus Kogel« vermittelte den Manns einen zehn Mark teuren Hühnerhund, der auf den Namen Bauschan getauft wurde, – »eine lübische Abart von Bastian.«[136] Den Erwerb dieses »vierbeinigen Trübsals«[137] schildert Thomas Mann in der drei Jahre später erschienenen Erzählung *Herr und Hund*. Mit Bauschan kehrte man am 15. September nach München zurück.

»Eine Verschleuderung«

Nicht nur finanzielle Gründe ließen den Verkauf des Tölzer Besitzes als wünschenswert erscheinen. Das Haus bot für vier heranwachsende Kinder inzwischen nicht mehr die angemessene Größe. Außerdem war man begierig, mit Neuem Bekanntschaft zu machen, und wollte nicht jeden Sommer am gleichen Ort verbringen. So hatten es die Manns vorgezogen, zum Jahreswechsel 1916/17 nach Tegernsee zu fahren, und während der Osterferien 1917 war man auf eine Woche nach Mittenwald gereist. Nun wurde das Münchener Wohnungs-Nachweis-Bureau Lion & Cie. beauftragt, einen Käufer für das Tölzer Anwesen zu finden. Auf deren Betreiben hin meldete sich Dr. Willy Wiegand (1884-1961), Sohn des Generaldirektors des Bremer Lloyd und technischer Leiter des bibliophilen Verlags *Bremer Presse*, und bekundete sein Interesse an der Tölzer Villa. Lion & Cie. hatten das Objekt aber für nur 55.000 Mark angeboten, was bei weitem nicht der Summe von 80.000 Mark entsprach, die noch vor dem Krieg veranschlagt worden war, und auch nicht den 70.000 Mark, die Thomas Mann nach Kriegsausbruch gefordert hatte. Thomas Mann entzog daraufhin Lion & Cie. den Auftrag, indem er der Maklerfirma am 29. Juni 1917 mitteilte, er müsse »[...] von dem geplanten und in die Wege geleiteten Verkauf der Tölzer Villa Abstand nehmen«, da »seine Frau zu sehr an dem Hause hänge und auch der finanzielle Verlust zu groß sei.«[138] Nun wandte sich Wiegand direkt an die Familie und machte ein Angebot von 65.000 Mark – einschließlich des Mobiliars. Gegen Anrechnung dieses Preises erklärte Wiegand, die ungetilgte Hypothek von 12.000 Mark zu übernehmen, so dass der an die Manns zu zahlende Restpreis 53.000 Mark betrug. Thomas und Katia Mann willigten ein; am 7. Juli wurde der Kaufvertrag in den Amtsräumen des Kgl. Notariats München beurkundet. Die neuen Eigentümer Bertha und Willy Wiegand zahlten 15.000 Mark gleich nach Vertragsabschluss und die verbleibende Summe von 38.000 Mark in dreimonatigen Raten bis zum 1. April 1918. Ferner wurde den Manns das unentgeltliche Wohnrecht bis zum 15. September 1917 eingeräumt,[139] da sie beabsichtigten, noch eine letzte Sommerfrische in Tölz zu verbringen. Obwohl die Lage Deutschlands bereits äußerst kritisch war, entschloss sich Thomas Mann, einen Teil der Verkaufssumme in eine Kriegsanleihe zu investieren, um seiner nationalen Gesinnung Ausdruck zu verleihen – womit das Geld verloren war.[140]

Nur drei Tage nach dem Verkauf meldeten sich die Makler von Lion & Cie. wieder und verlangten für die Verbriefung der Tölzer Villa eine Provision in Höhe von 1.300 Mark.[141] Aufgebracht

Wohnungs-Nachweis
der Immobilien-Treuhandgesellschaft
m.b.H.
Brienner-Straße 5
Telephon 20768

und

Wohnungs-Nachweis-Bureau
LION & CIE.
Ludwig-Straße 5
Telephon 25675

Bank-Konto: Bayerische Handelsbank, Filiale München

Vermietung von Wohnungen, Läden etc. / Haus und Grundstücks-Verkäufe / Hypotheken-Vermittlung / Auskunftstelle für Mieter, kostenfreie Auskunft über Möbeltransport und -Lagerung, Gepäckbeförderung, Bezugsquellen, Ortsverhältnisse, Landaufenthalt in den Alpenländern etc.

MÜNCHEN DEN 10. Juli 17

Hochwohlgeboren

Herrn Thomass M a n n , Schriftsteller

M ü n c h e n
Poschingerstr. 1

Wir nehmen höflich Bezug auf die für Euer Hochwohlgeboren erledigte Verbriefung Jhrer Villa in Bad Tölz, welche am 6. ds. erfogte und gestatten uns die höfliche Anfrage, ob wir die uns hiefür zukommende Provision in der Höhe von

Mark 1 3 0 0 .-

bei Jhnen einheben dürfen oder ob Sie uns den Betrag auf unser Büro anweisen lassen wollen.

Mit vorzüglicher Hochachtung
Wohnungsnachweis-Bureau
i. V. LION & CIE Seiling

Brief des Maklerbüros Lion & Cie. an Thomas Mann, 10. Juli 1917.
Buddenbrookhaus Lübeck.

verständigte Katia den befreundeten und literarisch interessierten Rechtsanwalt Maximilian Brantl und bat ihn darum, sich der Sache anzunehmen, da ihr Mann vor dem Verkaufstermin Lion & Cie. den Auftrag entzogen hätte und daher nicht gewillt sei, auf deren Forderung einzugehen. Sie berichtet weiter:

Lion quittierte diese Mitteilung mit einem höchst unverschämten Brief, angesichts der sich immer wieder ergebenden Differenzen und der Minderwertigkeit des

Objektes sei das Interesse des Käufers nunmehr endgültig abgeflaut. – Ganz unabhängig von Lion wendete
sich der Käufer dann neuerdings an uns, das Geschäft
kam dann, ohne Lioner Zutun und nachdem die Kündi-
gung von Seiten meines Mannes bereits erfolgt war, zu
einem um 10.000 M höheren Preis, als der vom Agen-
ten als erreichbar bezeichneten, zustande. [...] Übrigens ist es überhaupt zweifelhaft, ob wir nach Tölz
kommen, weil die Verpflegungsverhältnisse unmöglich
zu sein scheinen.[142]

Brantl benachrichtigte sogleich das Maklerbureau, doch der Fall
war aussichtslos. Die Firma erbrachte den Nachweis, dass durch
ihr Bemühen Wiegand auf die Tölzer Villa aufmerksam geworden
war und sie den Kontakt zwischen Käufer und Verkäufer hergestellt
hatte. Der von den Maklern beauftragte Rechtsanwalt Adolf Strauss
behauptete außerdem, dass Lion & Cie. bis Verkaufsabschluss für
Wiegand tätig gewesen und auch bei der notariellen Verbriefung an-
wesend gewesen sei.[143] Brantl riet Thomas Mann daher, die 1.300
Mark zu zahlen und fügte hinzu, er sei »überhaupt in dieser Sache
von allem Anfang an recht skeptisch«[144] gewesen. Aus Bad Tölz,
wohin die Familie am 15. Juli übergesiedelt war, antwortete Thomas Mann dem Rechtsanwalt:

Besten Dank, ich habe die Sache einfach geregelt. Unser Widerwille hatte seinen Grund nur darin, daß Lion wirklich so ganz ohne jedes Verdienst an dem Geschäfte ist: Sein Vertreter, offenbar vom Käufer besto-
chen, hat alles gethan, damit aus dem Verkauf eine Ver-
schleuderung werde. Aber juristisch war wohl nichts zu
wollen.[145]

Zunächst war die Übersiedlung nach Tölz fraglich gewesen, da die
Versorgungsverhältnisse im vierten Kriegssommer äußerst schlecht

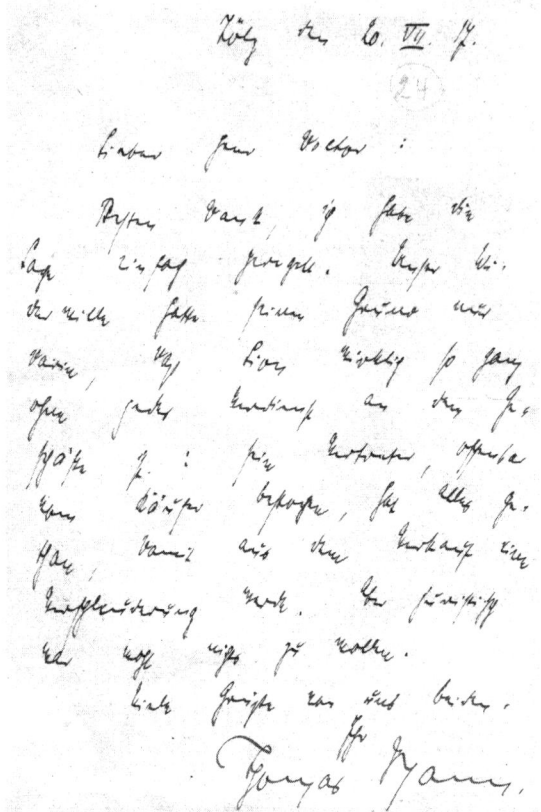

Brief von Thomas Mann an M. Brantl, 20. Juli 1917.
Buddenbrookhaus Lübeck.

waren. Noch aus München hatte Thomas Mann Ernst Bertram ge-
meldet: »Es sieht nun aber nach allen Erkundigungen mit der Ver-
pflegung so finster aus, daß wir nicht wissen, ob wir den Schritt ins
mehr als Ungewisse wagen sollen.«[146]

Doch am 20. Juli heißt es: »Da wären wir wieder und schon
installiert. Friedlich und feucht ist es, und Reue will uns beschlei-
chen. Nun, bis September bekommen wir es hoffentlich wieder

recht satt.«[147] Abermals war Bertram eingeladen worden, den Sommer in Tölz zu verbringen, da man parallel an den noch unabgeschlossenen Werken zu arbeiten gedachte – Thomas Mann an den *Betrachtungen eines Unpolitischen* und Bertram am letzten, *Eleusis* überschriebenen, Kapitel seiner *Nietzsche*-Monographie.[148] Die Manns hatten Bertram empfohlen, in der dem Landhaus nahegelegenen und noch heute bestehenden Pension der Familie Fritz »Café am Wald« Quartier zu nehmen, da es in der Villa mittlerweile zu eng wurde:

> Es wäre schön, wenn wir in Tölz einige Wochen lang Nachbarschaft halten könnten. Schreiben Sie bald dem »Café am Wald«. Es ist zu empfehlen, und ich fürchte, manche Anmeldung stammt schon vom vorigen Sommer. Die täglichen Kosten sind ca 7 Mark derzeit; die Wohnung kaum dem entsprechend, die Verpflegung aber meist gut und reichlich.[149]

Thomas Mann behielt Recht, alle Zimmer waren bis zum 21. August vergeben; darum schlug er dem Bonner Germanisten vor:

> Würden Sie sich auch ein etwas entfernteres Logis gefallen lassen? Ich fürchte nur, es wird zur Zeit überall Schwierigkeiten haben, denn die Saison ist glänzend. Andererseits, bis zum 21. warten zu müssen, wäre ärgerlich. Vielleicht entschließen Sie sich, vom 10. bis 21. *im* Ort, in dem auf seine Art durchaus reizvollen Gasthaus »zur Post« an der Marktstraße Quartier zu nehmen und dann zu uns heraus zu kommen? Ich bin fast sicher, daß Sie dort ohne Weiteres Unterkunft fänden.[150]

So bezog Bertram ein Zimmer im heute nicht mehr existierenden Hotel »Post«, dem sogenannten »Moralthaus«[151] in der Marktstraße. In den folgenden Wochen arbeiteten beide an ihren »weitgehend

synchron«[152] entstandenen Abhandlungen und lasen sich gegensei-
tig daraus vor, wobei besonders Thomas Mann von der täglichen
Zusammenkunft mit Bertram profitierte. Zu Beginn des Sommers
schrieb er am Kapitel *Von der Tugend*, worin sich das Erlebnis der
Pfitzner-Oper *Palestrina* niederschlug. Thomas Mann hatte am 12.
Juni die von seinem Herzogpark-Nachbarn Bruno Walter geleitete
Uraufführung im Münchener Prinzregententheater gehört. Von diesem spätromantischen Werk tief beeindruckt, fuhr er von Tölz wiederholt nach München, um weitere Aufführungen zu besuchen. Wie
schon im Vorjahr plante Mann, mit den *Betrachtungen* »bis zum
Herbst denn doch zu Rande zu kommen«,[153] aber der Essay wuchs
sich ins Uferlose aus. Nachdem der Abschnitt *Von der Tugend* beendet war, begann Thomas Mann im August mit dem Kapitel *Ei-
niges über Menschlichkeit*, worin er diesen von ihm als zentrale
demokratische Vokabel verstandenen Begriff aus literarischer und
politischer Sicht betrachtete. Das Kapitel wurde bis zur Rückkehr
in die Stadt weitgehend beendet. Am 23. August schrieb Thomas
Mann – die Arbeit an den *Betrachtungen* resümierend – an Arthur
Schnitzler:

> Mein oeffentliches Verstummen ist Ihnen möglicher-
> weise aufgefallen. Ich war nicht imstand, meine Schu-
> he weiter zu machen. Seit Jahr und Tag schreibe ich
> eine Art von Buch, es sind Betrachtungen, politisch-
> antipolitisch, zeit- und selbstkritisch, kurz, eigentlich
> uferlos, aber nun doch leidlich eingedämmt, und bis
> zum Spätherbst darf ich hoffen, es absorbiert zu ha-
> ben.[154]

Am 15. September verließ die Familie Mann das Tölzer Landhaus
für immer. Golo Mann erinnerte sich später an diese schmerzliche
Trennung:

> Den letzten Tag machten Klaus und ich noch einen
> Spaziergang durch den Garten, die altvertrauten Dinge,

»Hüttchen«, eine Hütte für Gartenwerkzeuge und Ähn-
liches, in der wir oft gespielt hatten, unser Planschbe-
cken, die vier Kastanien, unter denen wir im Sommer
unser Frühstück bekamen, mit Augen des Abschieds
betrachtend – ein Abschied zum ersten Mal, Klaus zehn
Jahre alt, ich acht.[155]

Auch Thomas Mann trennte sich schließlich nur schwer von dem
Haus, in dem er neun Sommer und einige Winter- und Frühjahrs-
wochen gelebt hatte: »Der Abschied von Tölz war doch schmerzli-
cher als ich dachte, aber hier ist es ja auch recht herrschaftlich«,[156]
tröstete er sich. Teile des Mobiliars wurden jedoch – anders als der
Kaufvertrag es vorsah – in das Stadtpalais übernommen. Dies be-
zeugt ein Brief an den in Australien kriegsinternierten Schwager
Peter Pringsheim:

Durch den Verkauf von Tölz ist unser Haus inwendig
sehr nett komplettiert. Die obere Diele ist mit den Tölzer
Esszimmer-Möbeln eingerichtet, und das als Fremdenzimmer Gedachte im II. Stock wollen wir mit Katja's
Ahorn-Sachen zu einer Art Pölchen[157] gestalten.[158]

Kurz nach der Rückkehr in die Stadt erkrankte Thomas Mann an
einer ruhrartigen Darmaffektion; im Krankenbett las er erstmals
Adalbert Stifter, dessen ausgewählte Werke er in einer dreibändi-
gen Ausgabe noch in Tölz von Ernst Bertram geschenkt bekommen
hatte. Der erste Band trug die Widmung: »Für Thomas Mann zum
Gedenken des letzten Sommers in Tölz.«[159]

»Tölz, – das sind tempi passati«

Vom Ringsee bei Abwinkl am Tegernsee, wo die Familie Mann
für den Sommer 1918 die Villa Defregger mietete, schrieb Thomas
Mann am 11. Juli an Paul Amann:

Ihren Brief vom 28. Juni, den ich vorgestern erhielt, datieren Sie schon oder vielmehr noch nach Tölz, – das sind tempi passati, die kleine Besitzung dort gehört uns nicht mehr, wir haben sie voriges Jahr verkauft, teils um uns für den Sommer wieder einmal flott zu machen und weil ich die Kinder gern an die Ostsee führen wollte, teils auch, weil uns das Häuschen zu enge wurde und weil es sonst Nachteile hatte. Hätten wir freilich gewußt, daß uns Familienzuwachs bevorstände (vor sechs Wochen bin ich nach einer Pause von 7 Jahren zum fünften Male Vater geworden, [...]) – so hätten wir natürlich Tölz gerade für dieses Jahr noch behalten.[160]

Bereits im Vorjahr hatte Thomas Mann geäußert, er wünsche »den Kindern die Bekanntschaft mit der Ostsee«,[161] da aber das Reisen im letzten Kriegsjahr problematisch wurde, fuhr man wenigstens an einen größeren See – der Tölzer Klammerweiher konnte dem Vergleich mit dem Tegernsee natürlich nicht standhalten. »Nun sind wir auf acht Wochen hier am Wasser, – was in Tölz ja fast ganz fehlte, haben eine Badehütte, ein Ruderboot, und die Kinder sind begeistert«,[162] schrieb er während des Aufenthalts in Abwinkl, und nach seiner Rückkehr in die Stadt berichtete er recht angetan: »Ich genoß das Wasser, [...] das Rudern, den Badestrand etc. beinah so sehr wie die Kinder [...].«[163]

Zu einer Sommerfrische an der Ostsee kam es erst einige Jahre später. Im Jahr 1919 verbrachte man einige Wochen am Chiemsee, und in der folgenden Zeit hatte Thomas Mann Wohnrecht in dem »Villino« genannten Haus von Georg Martin Richter am Starnberger See. Hier war es auch, wo er 1922 erwog, sich ein neues Sommerhaus bauen zu lassen, was jedoch an den hohen Kosten der Nachkriegszeit scheiterte.[164]

Thomas Mann gab dem Meer den Vorzug vor jeder Gebirgslandschaft; anlässlich der Landerwerbung Ida Boy-Eds in Malente am Kellersee schrieb er am 28. April 1917 – also kurz vor dem

Verkauf der Tölzer Villa: »[...] die Landschaft dort oben ist im Grunde die einzige zu der ich *Vertrauen* habe; zum Gebirge schon gar nicht.«[165] In dem Roman *Buddenbrooks* äußert der Lübecker Kaufmannssohn Thomas Buddenbrook während eines Strandspazierganges an der Ostsee:

> Mehr und mehr habe ich die See lieben gelernt... vielleicht zog ich ehemals das Gebirge nur vor, weil es in weiterer Ferne lag. Jetzt möchte ich nicht mehr dorthin. Ich glaube, daß ich mich fürchten und schämen würde. Es ist zu willkürlich, zu unregelmäßig, zu vielfach... sicher, ich würde mich allzu unterlegen fühlen. Was für Menschen es wohl sind, die der Monotonie des Meeres den Vorzug geben? Mir scheint, es sind solche, die zu lange und tief in die Verwicklung der innerlichen Dinge hineingesehen haben, um nicht wenigstens von den äußeren vor Allem Eins verlangen zu müssen: Einfachheit. [...] Man klettert keck in die wundervolle Vielfachheit der zackigen, ragenden, zerklüfteten Erscheinungen hinein, um seine Lebenskraft zu erproben, von der noch nichts verausgabt wurde. Aber man ruht an der weiten Einfachheit der äußeren Dinge, müde wie man ist von der Wirrnis der inneren.[166]

Von dem Geld des Nobelpreises ließ sich Thomas Mann 1929 ein Feriendomizil am Meer errichten. Dieses direkt an der Ostsee gelegene Haus in Nidden auf der Kurischen Nehrung wurde zum eigentlichen »Gegen-Tölz«.[167]

Es ist anzunehmen, dass Thomas Mann das Haus nach dem Herbst 1917 nie wieder betreten hat.[168] Jedoch lässt sich anhand eines Briefes an Hedwig Buller, der Tochter des Tölzer Sanitätsrates Max Hoefler, nachweisen, dass er sich am 6. Oktober 1927 kurz in Tölz aufhielt;[169] wir kennen aber weder den Grund dieses Aufenthaltes noch wissen wir, ob er bei dieser Gelegenheit nach seinem alten Landhaus sah. In den ab 1933 erhaltenen Tagebüchern gedenkt er nur einmal der Tölzer Zeit: Unter dem 24. Juli 1952 liest man:

> K.'s 69. Geburtstag. Schöner Morgen. Saß vorm Früh-
> stück auf dem Balkon. Sprachen über den Ablauf des
> Lebens, der keineswegs huschend war, sodaß man sich
> fragen müßte: Wo sind die Jahre geblieben. Ist eine lan-
> ge, langsame, erlebnis- und auch leistungsreiche Zeit
> seit unserer Heirat und den Tölzer Tagen.[170]

Zieht man Bilanz, kann man sagen: Die »Tölzer Tage« waren trotz des jungen Familienglücks in einem eigenen Landhaus eine äußerst schwierige und innerlich unruhige Phase im Leben Thomas Manns. Während dieser Zeit versuchte er an den Erfolg der *Buddenbrooks* anzuknüpfen, was er mit dem 1909 erschienenen und von Publikum und Kritik eher ablehnend aufgenommenen Roman *Königliche Hoheit* nicht vermochte. In dieser Situation wurden einige Arbeiten, von denen manche nicht über bloße Notizen hinaus gediehen, zugunsten anderer unterbrochen, wie dies das Schicksal des *Hochstapler*-Romans und des *Zauberbergs* war. Von den Essays abgesehen, war die Novelle *Der Tod in Venedig* das einzige zum Abschluss gebrachte gewichtige literarische Werk dieser Jahre von 1909 bis 1917. Mit den *Betrachtungen eines Unpolitischen* begann im Sommer 1915 eine für Thomas Mann aufreibende und selbstquälerische Arbeitsperiode, die in engem Zusammenhang mit der brüderlichen Auseinandersetzung stand und erst mit dem Abschluss dieses umfangreichen Werks im März 1918 endete. Die politischen Ereignisse nach Kriegsende überholten jedoch das unter Mühe und Leid erarbeitete konservativ-nationale Gedankengut. Die Arbeit an den beiden unvollendeten Roman-Manuskripten nahm Thomas Mann zu späteren Zeitpunkten wieder auf: *Der Zauberberg*, im Sommer 1915 bis etwa zum Kapitel *Hippe* gediehen, wurde 1919 fortgesetzt, und erst über dreißig Jahre später, 1954, veröffentlichte Thomas Mann den Roman *Bekenntnisse des Hochstaplers Felix Krull*.

Tölz – Ein Kindheitsmythos in den Autobiographien von Erika, Klaus, Golo und Monika Mann

»Immer, wenn ich ›Kindheit‹ denke, denke ich zuerst ›Tölz‹.«[171] Dies schrieb Klaus Mann sechsundzwanzigjährig in seiner 1932 erschienenen ersten Autobiographie *Kind dieser Zeit.* Auch in dem nach seinem Selbstmord 1952 veröffentlichten Lebensbericht *Der Wendepunkt* zählen die Sommermonate im »Tölzhaus«, zu den zentralen Erlebnissen einer als sorglos erlebten frühen Kindheit:

> Das Paradies hat den bittersüßen Duft von Tannen, Himbeeren und Kräutern, vermischt mit dem charakteristischen Aroma des Mooses, das von der Sonne durchwärmt ist, der großen mächtigen Sonne eines Sommertages in Tölz. Die Lichtung, wo wir den Morgen mit Beerenpflücken verbringen, liegt mitten in dem schönen, großen Wald, der gleich hinter unserem Hause beginnt. Gibt es auf der Welt noch andere Wälder, die sich mit diesem vergleichen ließen? Gewiß nicht; denn *unser* Wald ist durchaus einzigartig, *der* Wald *par excellence*, der mythische Inbegriff des Waldes, mit der Tempelperspektive seiner schlanken, hohen, säulenhaft glatten Stämme, mit seinem feierlichen Zwielicht, seinen Düften und Geräuschen, den hübschen Bildungen seiner Pilze und Sträucher, mit seinen Eichhörnchen, Felsen, schüchternen Blumen und murmelnden Wasserläufen.[...]

Mann-Kinder vor dem Tölzer Landhaus im Gras liegend.
Literaturarchiv der Monacensia, München.

Dies ist der Sommerhimmel: In seinem Blau schwimmen weiße, flockige Wolken, die sich zwischen den alpinen Gipfeln zu barocken Formationen ballen. Die Luft riecht nach Sommer, schmeckt nach Sommer, klingt nach Sommer. Die Grillen singen ihr monoton-hypnotisierendes Sommerlied. Zu unserer Rechten liegt das Sommerstädtchen Tölz mit seinen bemalten Häusern, seinem holprigen Pflaster, seinen Biergärten und Madonnenbildern. Um uns breitet sich die Sommerwiese; vor uns ragt das Gebirge, gewaltig getürmt, dabei zart, verklärt im Dunst der sommerlichen Mittagsstunde.[172]

Erika und Klaus in der Umgebung des Tölzer Landhauses.
Literaturarchiv der Monacensia, München.

Nicht weniger eindrucksvoll klingt es in den autobiographischen Schriften seiner Geschwister Erika, Golo und Monika. Überall, wo bei ihnen von den Tölz-Aufenthalten die Rede ist, werden diese retrospektiv in eine unbekümmerte Kindheitslandschaft verklärt, bei denen sich Beschreibungen und Stimmungsbilder untrennbar vermischen.[173] So auch in Monika Manns Autobiographie *Vergangenes und Gegenwärtiges*, die sie auf der Insel Capri verfasste. In der dortigen Villa Monacone, mit dem Blick auf die aus dem Tyrrhenischen Meer herausragenden Faraglioni Felsen – diesem Inbegriff mittelmeerischer Landschaft – erinnert sie sich der alljährlichen Zugreise durchs sommerliche Oberbayern:

Da saßen wir nämlich sieben Mann hoch samt einem
großen schottischen Schäferhund und vielem Gepäck
im Drittklaßcoupé und rollten gegen das Gebirge. Während der dreistündigen Bummelzugfahrt lutschte man
fast unentwegt von den Fruchtbonbons, die in der Tasche schmolzen, zählte die Telegraphenstangen und
schaute auf die vertrauten Flecken – die Wälder, Almen und Gehöfte –, an denen man voriges Jahr und
alle Jahre vorbeigefahren war.[174]

In Tölz verbrachten die vier ältesten Kinder Thomas und Katia
Manns etliche ihrer Schulferien; sie spielten auf den Wiesen und
Hügeln einer meist sommerlichen Landschaft, die nur durch krachende Gewitter beeinträchtigt werden konnte; in Golo Manns Autobiographie *Erinnerungen und Gedanken. Eine Jugend in Deutschland* sind auch einige Winterbilder überliefert. Die Kinder rodelten
die Abhänge hinunter, die von dem Landhaus bis zur Isar führten
und liefen auf dem Klammerweiher Schlittschuh.[175] War man während der Schulzeit in Tölz, wurde der Hauslehrer Burkhardt von
der Dorfschule engagiert, um den Mann-Kindern im Privatunterricht die versäumten Unterrichtsinhalte beizubringen.

Der Klammerweiher, nur wenige Gehminuten vom Landhaus
entfernt, gehörte zu den unentbehrlichen Gegebenheiten des Kindheitsmythos Tölz. In ihm lernte Klaus Mann auf den Armen der
Mutter nur äußerst mühsam und angstvoll das Schwimmen, während seine Geschwister sich auf dem Sprungbrett sonnten. Der Geruch des Klammerweihers und die Beschaffenheit seines Wassers
blieben Klaus Mann ein Leben lang unvergeßlich:

Seht, und da ist unser Sommerweiher, ein kleiner,
runder Teich mit hohem Schilf am Ufer. Weiße Wasserrosen, beinah tellergroß, schwimmen auf seiner
regungslosen, dunklen Fläche. Das Moorwasser, es
ist gold-schwarz in meiner Erinnerung, atmet einen
kräftig-aromatischen, dabei etwas fauligen Geruch. Es

Mann-Kinder mit Kindermädchen Betty beim Schlittenfahren.
Literaturarchiv der Monacensia, München.

ist von seltsamer Substanz, das Wasser des Klammerweihers, sehr klar trotz seiner dunklen Färbung, von
fast öliger Weichheit, und so schwer, daß man das eigene Gewicht kaum spürt, solange man sich seiner goldenen Tiefe anvertraut.[176]

In den Ort hinunter fuhren die Kinder mit dem Leiterwagen auf den
nassen Wiesenwegen oder über die staubige Landstraße, um mit
der Mutter oder der Gouvernante im Kolonialwarengeschäft Holz-
mayer oder in Frau Pöckels Drogerie einzukaufen. So führte eines
ihrer Kinderfräulein, die berühmte Affa, sie auch auf den nahegelegenen Waldfriedhof,[177] wo man zum ersten Mal eines Toten ansichtig wurde. Ein Vorkommnis, das vor allem Klaus Mann nie vergaß,

Mann-Kinder vorm Landhaus in Wintermänteln.
Literaturarchiv der Monacensia, München.

den die Schönheit und Vornehmheit des bleichen Antlitzes dieses im Klammerweiher ertrunkenen und in der Friedhofskapelle aufgebahrten Bäckergesellen so sehr faszinierte, dass er dieses Erlebnis in der 1926 veröffentlichten *Kindernovelle* festhielt und es fortan zu den »Mythen der Kindheit«[178] zählte.

Das abgeschiedene Tölzhaus bot den vier Kindern ausreichend Winkel und Nischen, die zum Spielen und Fabulieren einluden und die prägenden Jahre der ohnehin besonders phantasiereichen Dichterkinder mitbestimmten. Klaus Mann entsann sich, gemeinsam mit seinem Bruder Golo stundenlang im Tölzer Garten wandelnd, seine

Anzeige Klammerweiher aus Tölzer Kurier, Sa 9. Juni 1917, S. 7.
Stadtarchiv Bad Tölz.

ersten Geschichten erfunden und sich im Erzählen geübt zu haben. Hierbei nahm sich Klaus Mann den Vater zum Vorbild, da dieser den Kindern die gemeinsamen Wanderungen in der Tölzer Gegend schmackhaft machte, indem er die Umgebung »märchenhaft umstilisierte«, da er »vom Siebenmeilenwald und allerlei zauberischen Wiesen«[179] sprach, wenn der übliche Weg zum Zwickerbauern, zum Oberhof oder auf den Blomberg unternommen wurde. Nach diesem literarischen Phantasieren entstand das sogenannte »Gro-Schi-Spiel«, – ein Spiel, das auf einen 1912 erschienenen und von den Kindern oft gelesenen Roman des Jugendbuch-Autors Georg Engel zurückzuführen war, der den Titel *Kapitän Spieker und sein Schiffsjunge* trägt. Die abenteuerliche Handlung auf einem Ozeandampfer regte die Kinder dazu an, die Veranda des Landhauses sowie den Garten zu dem Promenadendeck eines großen Schiffes – daher »Gro-Schi« – umzufunktionieren, während das Hausinnere zu den Kabinen und die Wiesen um das Haus zum Ozean wurden. Klaus und Golo spielten die Rolle zweier reicher Passagiere, Herr Steinrück und Herr Löbenzahn, während Erika und Monika reisende Ladies simulierten, die den Kapitän, den Vater, der sich in der Betriebskabine aufhielt, selten zu Gesicht bekamen. In dieses Rollenspiel versunken, wurden die Spaziergänge in den Ort zu Landgängen auf dem Festland, und das zu Honolulu oder Bombay umfabulierte Tölz erreichte man nun nicht mehr über die Landstraße, sondern auf einer prachtvollen Palmenallee.[180] Die Handlung des Romans und das von ihm inspirierte Gro-Schi-Spiel bildete die Vorlage für Erika Manns 1932 veröffentlichtes Kinderbuch *Stoffel fliegt übers Meer*. In dieser Geschichte, zu der Ricki Hallgarten, ein enger Freund Erika und Klaus Manns, die Illustrationen zeichnete, wird der ursprünglich nordische Schauplatz des Romans von Georg Engel in eine süddeutsche Gegend, eine Kombination aus dem Starnberger See und dem Bodensee,[181] verlegt.

Familie Mann im Gras.
Thomas Mann Archiv der ETH Zürich, Keystone.

Auch spielte für Erika, Klaus, Golo und Monika in Tölz noch ein zweiter Sagenkreis eine Rolle, der im ewigen Kampf zweier Parteien bestand: Die Mann-Kinder zählten sich zu der Welt der »Üsen«, ein Sammelbegriff für alles Kindlich-Drollige, die stets unter der tyrannischen Herrschaft der »Wuffig«, die Bezeichnung für die ungeliebten Kinderfräulein, und der »Klie-klie«, wie sie die aufsässigen Gassenbuben nannten, zu leiden hatten. Dieses eigensinnige Phantasieren und das elaborierte Idiom der Dichterkinder trug zu deren früher Autarkie bei; denn obwohl man gelegentlich mit den Kindern des Zwickerbauern und der Mösslangs spielte, auch manchmal die Öttels traf, Sprösslinge des Winterhausmeisters der Villa, blieben die Kinder der Manns in ihrem Ferienort Außenseiter, denen die einheimischen Kinder »Narrische Bagasch!«[182] nachriefen. Zudem war Erika die einzige, die den bayerischen Dialekt beherrschte und auf die Frage »Ärika, magst an Äpfi?« im gleichen Tonfall eine Antwort zu geben vermochte.[183]

Erika Mann verfasste keine Kindheitserinnerungen; ihre Äußerungen über die Zeit in Tölz findet man in verstreuten Zeitungsartikeln oder Interviews. In einem Gespräch von 1968 erinnert sie sich:

> Der Zauberer ging sehr viel mit uns spazieren, und er achtete sehr darauf, er liebte sein Tölzhaus, sein erstes Haus über alle Maßen; er war auch sehr darauf bedacht, daß wir nichts kaputt machen, und wenn er mit uns im Garten, der sehr groß war, wie ich sagte, spazieren ging, dann sagte er immer: »Nicht auf der Rasenkante gehen!« Nun hatte er es an sich, und das war auch, was uns betraf, sehr richtig, daß er so gerne metrisch sprach. Und wir hatten zufällig oder angeborener Weise alle sehr viel Sinn für metrische Dinge, und dieses »Nicht auf der Rasenkante gehen« hat sich uns sehr eingeprägt.[184]

Klaus und Golo barfuß beim Zwickerbauern.
Literaturarchiv der Monacensia, München.

Der Alltag im Feriendomizil war nicht anders als in der Stadt von den Lebens- und Arbeitsgewohnheiten des Vaters bestimmt. Hier wie dort war während der Arbeitsstunden strikte Ruhe im Haus einzuhalten, und an manchen Abenden lud der Schriftsteller in sein »urgemütliches Studio«,[185] um den Seinen aus den entstehenden Werken vorzulesen. »[...] unser hübsches Landhaus [...] war voll vom rhythmischen Pulsschlag des väterlichen Daseins«,[186] erinnerte sich Monika Mann. Auch die Besuche der Dichterkollegen waren bei den heranwachsenden Kindern gerne gesehen. Klaus entsann sich, dass Bruno Frank Gedichte vorlas und man mit dem Schriftsteller und Walt Whitman-Übersetzer Hans Reisiger um die Wette schwamm.[187] Erst der Ausbruch des Krieges konnte einige Schatten auf dieses Kindheitsparadies werfen. Das Essen wurde mit zunehmenden Kriegsjahren knapper, wie sich Golo Mann erinnert: »Es

Erika und Monika beim Zwickerbauern.
Literaturarchiv der Monacensia, München.

war schlimme Hungerszeit nun; die Bittgänge, welche meine Mutter zu den umliegenden Bauernhöfen machte und bei denen sie uns alle vier mitnahm aus Gründen, die man errät, blieben meist völlig vergeblich.«[188] Ebenso musste man jeden Tag die abgetragenen Leinenkittel oder Matrosenanzüge tragen und hatte barfuß die ländlichen Spaziergänge zu unternehmen.

Vergleicht man die Erinnerungen der Kinder Thomas Manns miteinander, so ergeben sich manche Unstimmigkeiten, »die Substanz des Kindheitsmythos Tölz«[189] bleibt jedoch dieselbe. Zu ihr gehört der Wald hinter dem Landhaus, der Garten mit dem Planschbassin und das Holzhüttchen, in dem sich die Kinder »mittels Reklamebilder und kleiner Fußschemel«[190] wohnlich einrichteten, ebenso wie der Klammerweiher und die Wiesenwege, die hinab zu dem Marktflecken führten. Die Landschaft um die Villa wurde in den kindlichen Augen zu einer eigenen Welt mit feststehenden Bräuchen. Monika Mann beschrieb diese Umgebung folgendermaßen:

> Es war der finstergrüne Tannenwald mit seinen Geheimnissen und Düften, es waren die großen Wiesen mit dem fetten Klee, Dotter- und Glockenblumen und dem Bienengesums, es waren die Berge im dramatischen Donnergewölk und Abendglühen, es waren die langen geduldigen, fruchtbaren Landregen, nach denen die Frösche aus dem sumpfigen Grase quakten und wir barfüßig die schwimmenden Pfade nach Schnecken absuchten, die wir dann brieten, es waren die freundlichen Bauernkinder, die bunte Marktstraße mit den vertrauten kleinen Läden, wo sonntags bärtige Männer in Lederhosen auf einem Girlandenpodium Schuhplattler tanzten, ohne die unsere Kindheit, unser Ferienglück sich gar nicht denken lassen.[191]

Dieses idyllische »Ferienglück« einer behüteten und trotzdem abenteuerlichen Kindheit steht am Anfang des Lebensweges der ältesten vier Kinder Thomas Manns in einem beachtlichen Gegensatz zu deren späteren Lebensläufen. Mit den ruhe- und rastlosen Jahren der Exilzeit begann für sie eine Epoche, die weit von diesen schwerelosen Kindertagen entfernt war, an die sie sich jedoch stets voller Sehnsucht erinnerten. So schrieb Klaus Mann in *Der Wendepunkt*:

> Tölz ist das Herz, die Quintessenz des Kindheitsmythos; aber seine Realität ist irgendwie fragwürdig, schattenhaft geworden. Ich habe das Haus nicht betreten seit dem Tage, da wir es verließen. Freilich erinnere ich mich noch der Anordnung der Zimmer, der Form und Farbe der Möbel, des weiten Blickes, den man von der Terrasse über das Tal zum Gebirge hatte. Aber die

Details sind verwischt und verwandelt – zu tief durchtränkt von Heimweh mythisch-glücklicher Vergangenheit.[192]

Die Tölzer Kindertage haben auch bei Erika Mann die ideale Vorstellung der heimatlichen Landschaft stark geprägt. Ihre tiefe Verbundenheit mit dem bayerischen Gefilde äußerte sie schon in dem 1930 – nach einer mit ihrem Bruder Klaus unternommenen Reise durch Südeuropa und Afrika – verfassten Artikel *Liebeserklärung an Bayern*. Die Weltreisenden schienen noch in den entferntesten Ländern den landschaftlichen Bezug zu der seit frühster Kindheit vertrauten Natur herzustellen:

> Erinnert haben wir uns an Bayern überall einmal. Wenn irgendwo ein Wiesenweg, eine Bergkette, eine Viehweide uns besonders zu Herzen sprach, erkannten wir bald mit dem Heimatlichen die Ähnlichkeit, – »fast wie bei Tölz« [...].[193]

Ob Erika das Tölzer Landhaus nach 1945 noch einmal aufsuchte, ist nicht zu belegen. Ihr jüngerer Bruder Golo kam jedoch einige Jahre nach Kriegsende in die Kurstadt an der Isar; das Wiedersehen mit der väterlichen Villa beschrieb er in *Erinnerungen und Gedanken*:

> Es dauerte dann etwa fünfunddreißig Jahre, bis ich Tölz wieder sah. Anfang der fünfziger Jahre war das meiste noch da wie eh und je, die vier Kastanien und »Hüttchen«, letzteres renoviert, das Haus nach außen hin unverändert. Wie sehr seine Verzierungen »Jugendstil« waren, bemerkte ich erst jetzt. Im Inneren aber war nichts wiederzuerkennen; man hatte daraus eine Wohnung für krankenpflegende Nonnen gemacht, die in der hinten im Garten errichteten Klinik arbeiteten. Neue, auf der anderen Seite des Sträßchens stehende

Villen verbauten den Blick auf Geisach mit seiner weißen Kirche und den Schafsberg, der ehedem mir so gewaltig vorgekommen war. [...] Ich ging dann auf den
Blomberg, den ich, sechs-, sieben-, achtjährig, mit der
Mutter und Geschwistern so oft erstiegen hatte. Die
Blomberg-Hütte stand noch oder stand wieder, sie war
in den letzten Kriegstagen zerstört worden als eine Fe-
stung törichter SS-Männer. Eine junge Frau bediente
mich und fragte: »Waren Sie nicht schon einmal hier?«
»Ja, zuletzt vor fünfunddreißig Jahren. Erkennen Sie
mich wieder?«[194]

Monika Mann reiste im Juli 1960 von Capri aus nach Tölz, wo sie
in der Villa Frisia Quartier nahm, um nach dem Landhaus zu sehen
und die Erinnerungen an diese Stätte ihrer Kindheit aufzufrischen.
Zuvor hatte sie in *Vergangenes und Gegenwärtiges* geschrieben:

Drunten in der Zeit lebt unversehrt das rüstig-elegante
Haus mit seinen holzgetäfelten, teppichbelegten Stu-
ben; der goldbraune Moorweiher; die Himbeerstauden
am Waldrand, wo wir Kinder in unseren hellblauen
Bauernkleidern täglich um die Wette pflückten in Be-
gleitung der Mama, die mit ihrer schwarzen »Gretelfri-
sur« in einem langen weißen Leinenkleid mit einer bul-
garischen Handstickerei wie eine fein-exotische Bäue-
rin aussah [...].[195]

Das 1930 bezogene Ferienhaus in Nidden an der Kurischen Nehrung wurde den beiden jüngsten, nach 1917 geborenen Kindern
Thomas Manns, Elisabeth und Michael, für nur drei Sommer zu
einem ähnlichen Kindheitsmythos, wie Tölz dies für Erika, Klaus,
Golo und Monika Mann gewesen war.

Im Februar 1997 besichtigte Elisabeth Mann Borgese – im April
1918, neun Monate nach der letzten Tölzer Sommerfrische der Familie Mann geboren – anlässlich einer Einladung des Tölzer Lions-

Club erstmals das einstige Landhaus der Eltern und das Kindheitsparadies ihrer vier älteren Geschwister, das sie zuvor nur aus deren
Erzählungen gekannt hatte.

Spiegelungen örtlicher Gegebenheiten von Bad Tölz in den Werken von Thomas und Klaus Mann

Spuren von Bad Tölz im Werk Thomas Manns

Auch für Thomas Mann selbst gilt der in seinem Essay *Bilse und Ich* auf Shakespeare bezogene Spruch: »Er fand viel lieber, als dass er erfand.«[196] Das hanseatisch protestantische Milieu seiner Heimatstadt Lübeck und die norddeutsche Landschaft sind nicht nur in *Buddenbrooks*, sondern auch im übrigen Werk Thomas Manns oft der prägende Herkunftsort seiner Protagonisten, der in einer deutlichen Konkurrenz zu der bayrisch-katholischen Gegend und der süddeutschen Lebensart steht. Literarische Spuren von Bad Tölz sind in seinem Werk jedoch nur selten anzutreffen. Zwei eindeutige Tölzer Landschaftsbilder lassen sich nachweisen, da der Autor den Ort in seinem Werk direkt benennt oder in Selbstkommentaren darauf hinweist. In zwei weiteren Fällen spiegeln sich Eindrücke der Tölz-Aufenthalte Thomas Manns in der Landschaft seines Werks.

Der Tod in Venedig

Die Novelle *Der Tod in Venedig* entstand nach einem Venedig-Aufenthalt Thomas und Katia Manns im Mai 1911. Das gefährliche Reiseerlebnis ging künstlerisch verwandelt in die Novelle ein. Die Erzählung ist zwar nicht rein autobiographisch, doch verlieh der

Autor seinem Protagonisten, dem Schriftsteller Gustav von Aschenbach, einige autobiographische Züge. So übertrug er ihm auch das eigene Landhaus, jenen »rauhen Landsitz [...], den er sich im Gebirge errichtet und wo er die regnerischen Sommer verbrachte.«[197]

Der am Münchener Nordfriedhof von plötzlicher Reiselust heimgesuchte Aschenbach vergisst seine »von jung auf geübte Selbstzucht«,[198] er beschließt, die Arbeit am mühsam voranschreitenden Werk ruhen zu lassen und auf drei oder vier Wochen in den »liebenswürdigen Süden«[199] zu reisen.

> Er fürchtete sich vor dem Sommer auf dem Lande, allein in dem kleinen Hause mit der Magd, die ihm das Essen bereitete, und dem Diener, der es ihm auftrug; fürchtete sich vor den vertrauten Angesichten der Berggipfel und -wände, die wiederum seine unzufriedene Langsamkeit umstehen würden.[200]

Vor seiner Abreise veranlasst Aschenbach jedoch, »sein Landhaus binnen vier Wochen zum Einzug instandzusetzen.«[201] Die Reisezeiten Aschenbachs stimmen mit denen seines Autors überein und auch Thomas Mann plante, nach der Reise aufs Land überzusiedeln. Anders als sein Held erlag er nicht der lockenden »Unzucht und Raserei des Untergangs«,[202] sondern kehrte zurück, um in Tölz an seinem *Hochstapler*-Roman weiterzuschreiben. Das zum Müßiggang verführende mittelmeerische Klima und das sinnenbetörende Venedig zeichnete Thomas Mann in strengem Gegensatz zur abweisenden Schroffheit der heimatlichen Berge. Aschenbach denkt am Strand liegend oder auf einer nächtlichen Gondelfahrt an sein Sommerhaus:

> [...] erinnerte er sich seines Landsitzes in den Bergen, wo die Wolken tief durch den Garten zogen, fürchterliche Gewitter am Abend das Licht des Hauses löschten und die Raben, die er fütterte, sich in den Wipfeln der Fichten schwangen. Dann schien es ihm wohl, als sei er

entrückt ins elysische Land, an die Grenzen der Erde,
wo leichtestes Leben den Menschen beschert ist, wo
nicht Schnee ist und Winter, noch Sturm und strömen-
der Regen, sondern immer sanft kühlenden Anhauch
Okeanos aufsteigen läßt und in seliger Muße die Tage
verrinnen, mühelos, kampflos, und ganz nur der Sonne
und ihren Festen geweiht.[203]

Im letzten Kapitel der Novelle hat Gustav von Aschenbach den ver-
heerenden Traum vom »fremden Gott«,[204] der die Auflösung seiner disziplinierten Künstlerexistenz einleitet und seinen Tod vor-
wegnimmt. Im Traum ist die Epiphanie des Dionysos dargestellt,
der nach dem griechischen Mythos mit seinen wilden, orgiastischen
Scharen im Kithairongebirge bei Theben erscheint.[205]

Qualmige Glut glomm auf: da erkannte er Bergland,
ähnlich dem um sein Sommerhaus. Und in zerrissenem
Licht, von bewaldeter Höhe, zwischen Stämmen und
moosigen Felstrümmern wälzte es sich und stürzte wir-
belnd herab: Menschen, Tiere, ein Schwarm, eine to-
bende Rotte, – und überschwemmte die Halde mit Lei-
bern, Flammen, Tumult und taumelndem Rundtanz.[206]

Die Tölzer Voralpenlandschaft mit dem sich deutlich abzeichnen-
den Karwendelgebirge verschmilzt in Aschenbachs dionysischem
Traum mit der Szenerie des antiken Mythos. Die Gebirgslandschaft,
vor der der Schriftsteller Aschenbach in den Süden floh, holt ihn am
Ende der Novelle, die seinen Tod erzählt, wieder ein.[207] – Somit
ist Thomas Manns Tölzer Landhaus als Entstehungsort des *Tod in
Venedig* nicht nur ein »Ort der Literatur«,[208] sondern durch sein Erscheinen in der Traumlandschaft Gustav von Aschenbachs ebenso
ein »literarischer Ort«.[209]

Herr und Hund

In dem 1919 erschienenen »Idyll« *Herr und Hund* schildert Thomas Mann den Erwerb des Hühnerhundes Bauschan, des »Helden« dieser Geschichte. Nachdem der schottische Schäferhund Motz 1915 in Tölz erschossen werden musste, fand die Familie im Spätsommer 1916 einen Nachfolger durch die Vermittlung einer Tölzer Wirtin. Diese Vermittlung und den Kauf von Bauschan stellt Thomas Mann im zweiten Kapitel *Wie wir Bauschan gewannen*, das im Frühjahr 1918 geschrieben wurde, dar.

> Ein ansprechend gedrungenes, schwarzäugiges Fräulein, das, unterstützt von einer kräftig heranwachsenden und ebenfalls schwarzäugigen Tochter, in der Nähe von Tölz eine Bergwirtschaft betreibt, vermittelte uns die Bekanntschaft mit Bauschan und seine Erwerbung.[210]

Das aus der Nähe von Lindau stammende »schwarzäugige Fräulein«, Anastasia Halder, war die Pächterin der 1888 erbauten, heute noch bestehenden und auf einem Berg über dem Tölzer Badeteil gelegenen Pension »Café Kogel«, die den Manns von ihren Spaziergängen auf den Kogel vertraut war. Da Anastasia Halder vom Tod des Hundes Motz erfahren hatte, ließ sie »durch den Fernsprecher« die Familie Mann wissen, dass ein »bei ihr in Kost und Kommission«[211] lebender Hund abzugeben sei.

> So stiegen wir denn, da die Kinder drängten und die Neugier der Erwachsenen kaum hinter der ihren zurückstand, schon am folgenden Nachmittag Anastasias Höhe hinan und fanden die Pächterin in ihrer geräumigen, von warmen und nahrhaften Dünsten erfüllten Küche, wo sie, die runden Unterarme entblößt und das Kleid am Hals geöffnet, mit hochgerötetem, feuchtem

Gesicht die Abendmahlzeit für ihre Pensionäre berei-
tete, wobei die Tochter, in ruhigem Fleiße hin und her
gehend, ihr Handreichungen leistete.[212]

Bad Tölz, Alpenhaus Kogel.
Postkarte, Orig.-Eig. und Verlag FRZ. P. Sixt, Bad Tölz.

Die Tochter Itala Halder, in der Geschichte Resi genannt, stellte den
Manns das »Kummerbild«[213] vor, welches zu dieser Zeit noch auf
den Namen Lux hörte. Lux kam von einem Hof aus dem Dorf Otterfing bei Holzkirchen,[214] in der Erzählung von Thomas Mann Hugl-
fing geheißen. Er machte einen etwas verwahrlosten Eindruck auf
die Familie, so dass sie sich zunächst ein wenig Bedenkzeit ausbat
und »nachdenklich zu Tal«[215] stieg. Doch bereits drei Tage später
sah man die Familie »wieder jenen sanften Ausläufer der Alpen er-
klimmen«,[216] auf dem sie mit der Wirtin für zehn Mark handelsei-
nig wurden und den mit einem Feldblumensträußchen geschmück-
ten Hund, das ihm die »Miene eines sonntäglich unternehmenden

Dorfburschen oder ländlichen Hochzeiters verlieh«,[217] mit in das Landhaus nahmen. Den Nachhauseweg beschreibt Thomas Mann wie folgt:

> Es war kein Triumphzug, worin wir mit unserem neuen Hausgenossen den etwa einstündigen Heimweg zurücklegten, zumal der Hochzeiter sein Sträußchen in der Bewegung bald eingebüßt hatte. Wir lasen wohl Heiterkeit, aber auch spöttische Geringschätzung in den Blicken der Begegnenden, wozu die Gelegenheit sich vervielfältigte, als unser Weg uns durch den Marktflecken führte, und zwar der Länge nach.[218]

Zuhause legte man dem Hund ein »zu seiner Bequemlichkeit« mit Seegras gefülltes Sackkissen auf den Flur, »während in den inneren Zimmern der Name beraten und endgültig bestimmt wurde, den er in Zukunft führen sollte.«[219] Doch nur wenige Tage nach seinem Kauf war Bauschan verschwunden.

> [...] die Kinder hatten ihn in den Garten geführt, sie hatten ihn der Leine entledigt, um ihm Bewegungsfreiheit zu gönnen, und in einem unbewachten Augenblick hatte er durch die niedrige Lücke, die die Zaunpforte über dem Boden ließ, das Weite gewonnen. [...] Das Telephon spielte stürmisch zwischen uns und Anastasias Bergwirtschaft, wo wir ihn hoffnungsweise vermuteten. Umsonst, er hatte sich dort nicht sehen lassen; und zwei Tage mußten vergehen, bis das Fräulein uns melden konnte, sie haben Botschaft aus Huglfing, vor anderthalb Stunden sei Lux auf der heimatlichen Ökonomie erschienen.[220]

Der Hund war die zwanzig Kilometer von Tölz nach Otterfing zurückgelaufen. Nach zwei Tagen mussten die Manns abermals das »Café Kogel« aufsuchen, um den Entlaufenen heimzuholen, der dorthin zurückgeholt worden war. Die Übersiedlung in die Stadt verhinderte, dass Bauschan erneut Reißaus nehmen konnte.

Thomas Manns Schilderung vom Kauf des deutschen Hühnerhundes Bauschan im Kapitel *Wie wir Bauschan gewannen* ist eine sachliche Darstellung der Geschehnisse während der Sommerfrische 1916 und kommt fast ohne landschaftliche Beschreibungen der Tölzer Gegend aus. Der Autor scheint die detaillierten Naturbeschreibungen der Idylle *Herr und Hund* für das Kapitel *Das Revier* vorgesehen zu haben, in dem der Münchener Herzogpark und seine Umgebung, Bauschans künftiges Revier, mit liebevoller Genauigkeit gezeichnet ist.

Der Zauberberg

Während des sechswöchigen Winteraufenthalts der Familie Mann zum Jahreswechsel 1914/15 schneite es in Bad Tölz unaufhörlich. Dieses Naturereignis hatte literarische Folgen:

Man war unter anderem auf das Land umgesiedelt, damit Thomas Mann wieder in die Arbeit am *Zauberberg* zurückfinden konnte, da er seit dem Kriegsausbruch ausschließlich an politischen Essays gearbeitet hatte. Von den Arbeitsferien nach München zurückgekehrt, berichtete er Ernst Bertram in einem Brief vom 17. Februar 1915 über die außergewöhnlich starken Schneefälle:

> [...] ein Schneeabenteuer war es, ich hatte so viel Schnee in meinem Leben noch nicht gesehen und habe eigentlich bei dieser Gelegenheit erst Bekanntschaft mit diesem Element gemacht [...].[221]

Den in Bad Tölz erlebten Schneefall wollte Thomas Mann in seine gerade entstehende Erzählung *Der Zauberberg* eingehen lassen. Der im Sommer 1915 begonnene Essay *Betrachtungen eines Unpolitischen* ließ die Arbeit am *Zauberberg* jedoch vier Jahre ruhen.

In Abwinkl am Tegernsee, wo die Manns 1918 die Sommerfrische verbrachten, las Thomas Mann Adalbert Stifter und schrieb am 6. August an Bertram:

Klammerweiher im Winter, um 1940.
Nachlass Maria Zantl.

In Stifter habe ich mich hier weiter und sehr innig ver-
tieft. [...] Seine Naturschilderungen, namentlich die
Schilderungen besonderer und extremer Naturereignis-
se, wie Schnee- und Eiskatastrophen, Gewitter etc. sind
geradezu phänomenal, es würde einem himmelangst
davor werden wie vor den Schrecken der wirklichen
Natur, wenn nicht die humanen Tröstungen seines gu-
ten, zärtlichen, goethischen Wortes wären. Gerade die
Irrwanderung der Kinder im Eise, die Sie erwähnen,
ist natürlich hervorragend. Wer kann noch so erzählen!
Selbst Kasimir Edschmidt [!] nicht. Das Vollkommene
entmutigt doch zuweilen. Ich hatte vor, im Zauberberg
einen unmäßigen Schneefall zu beschreiben und sehe
nun, daß St[ifter] das in »Aus dem Bayrischen Walde«
nicht nur unübertrefflich – sondern unerreichbar gut ge-

macht hat. Aber man darf sich wohl nicht abhalten lassen.[222]

Stifters Erzählungen *Bergkristall* und *Aus dem Bayrischen Walde* sind demnach literarische Vorbilder des *Schnee*-Kapitels in dem in Davos spielenden Roman *Der Zauberberg*, das in dem Tölzer Schnee-Erlebnis vom Januar 1915 seinen realen Ursprung hat. Das *Schnee*-Kapitel, von Thomas Mann als das »Herzstück«[223] des Zauberbergs bezeichnet, wurde acht Jahre später, im Frühsommer 1923, geschrieben.[224] Er schilderte dort die unter Schneemassen begrabene Landschaft:

> Die wenig gangbar gehaltenen Wege erschienen hohlwegartig, mit übermannshohen Schneewänden zu beiden Seiten, alabasternen Tafelflächen, die in ihrem körnig kristallischen Geflimmer angenehm zu sehen waren und den Berggästen zum Schreiben und Zeichnen dienten, zur Übermittlung von allerlei Nachrichten, Scherzworten und Anzüglichkeiten. Aber auch zwischen den Wänden noch trat man stark auf gehöhten Grund, so tief auch geschaufelt war, das merkte man an lockeren Stellen und Löchern, wo plötzlich der Fuß einsank, tief hinab, wohl bis zum Knie: man hatte gut achtzugeben, daß man nicht unversehens das Bein brach. Die Ruhebänke waren verschwunden, versunken; ein Stück Lehne etwa ragte noch aus ihrem weißen Begräbnis hervor. Drunten im Ort war das Straßenniveau so seltsam verlegt, daß die Läden im Erdgeschoß der Häuser zu Kellern geworden waren, in die man auf Schneestufen von der Höhe des Bürgersteiges hinabstieg.[225]

Diese Darstellung wird mit den folgenden Sätzen eingeleitet:

> Statt der Sonne jedoch gab es Schnee, Schnee in Massen, so kolossal viel Schnee, wie Hans Castorp in seinem Leben noch nicht gesehen. [...] Es schneite Tag

für Tag und die Nächte hindurch, dünn oder in dichtem Gestöber, aber es schneite.[226]

Vergleicht man diesen einführenden Abschnitt des *Schnee*-Kapitels mit dem Brief Thomas Manns an Bertram vom 17. Februar 1915, stellt man eine auffallende Ähnlichkeit der Beschreibung dieser beiden Schneetreiben fest.

Doktor Faustus

Im kalifornischen Exil entstand von Mai 1943 bis Januar 1947 der Roman *Doktor Faustus*. In diesem größten Alterswerk Thomas Manns wird der ungefähr zehn Minuten vom Tölzer Landhaus des Schriftstellers entfernte Klammerweiher nach Pfeiffering bei Waldshut verlegt, das dem Ort Polling bei Weilheim entspricht, dem langjährigen Aufenthaltsort der Mutter Thomas Manns. Auch in dem fingierten Ort Buchel lassen sich literarische Spuren des Tölzer Klammerweihers finden.

Die Hauptfigur des *Doktor Faustus*, der Musiker Adrian Leverkühn, wächst auf dem elterlichen Buchel-Hof in Thüringen auf, in dessen unmittelbarer Gegend sich ein Weiher befindet; die landschaftlichen Gegebenheiten des Buchel-Hofes beschreibt Serenus Zeitblom, der Erzähler der fiktiven Biographie:

Des Teiches, der, weidenumstanden, nur zehn Minuten Weges vom Buchel-Hause entfernt lag, gedachte ich schon flüchtig. Er heißt die »Kuhmulde«, wohl wegen seiner oblongen Gestalt und weil gern die Kühe an sein Ufer zur Tränke schritten, und hatte, ich weiß nicht warum, auffallend kaltes Wasser, so daß wir nur, wenn die Sonne sehr lang darauf gestanden, zu Nachmittagsstunden, darin baden durften. [...] Die Anhöhe hieß, gewiß seit sehr alten Tagen, aber ganz unangemessenerweise, der »Zionsberg« und war zur Winterzeit, die mich aber selten dort draußen sah, zum Rodeln gut.[227]

Bad Tölz (Oberbayern) mit Imfen, Zotten-, Demel-,
Dürnberger Joch und Karwendelgebirge (Klammerweiher).
Aufnahme u. Verlag Max Lerpscher, Bad Tölz 1902.

Die »Kuhmulde« bildet die Kulisse für einen Spaziergang Adrian Leverkühns mit seinem Jugendfreund Serenus Zeitblom. Dieser berichtet:

Ich erinnere mich, daß wir einige Augenblicke an der »Kuhmulde« halt machten; wir taten ein paar Schritte seitwärts vom Feldwege und blickten, den Schein der sich schon neigenden Sonne im Gesicht, auf das Wasser. Es war klar; man sah, daß nur in der Nähe des Ufers der Grund flach war. Schnell fiel er schon in geringer Entfernung davon ins Dunkle ab. Bekanntlich war der Weiher in der Mitte sehr tief.
»Kalt«, sagte Adrian mit dem Kopfe hindeutend; »viel zu kalt jetzt zum Baden.« – »Kalt«, wiederholte er

einen Augenblick später, diesmal mit merklichem Zusammenschaudern, und wandte sich zum Gehen.[228]

Nach seinen Studienjahren zieht Adrian nach München, von wo aus er bei einem Ausflug im Jahr 1910 den Hof der Familie Schweigestill in Pfeiffering besucht und sich von einem Kind den Namen des dem Schweigestill-Hof nahegelegenen Weihers, des »Klammerweihers«, nennen läßt.[229] Zeitblom fällt die Ähnlichkeit der Umgebung Pfeifferings mit der des heimatlichen Buchel-Hofs auf:

> Der landschaftlich-häusliche Rahmen, in den Adrian später, als reifer Mann, sein Leben stellte, nämlich als er zu Pfeiffering bei Waldshut in Oberbayern im Hause der Schweigestills sein Dauerquartier hatte, stand zu demjenigen seiner Kindheit in der seltsamsten Ähnlichkeits- und Wiederholungsbeziehung, anders gesagt: der Schauplatz seiner späteren Tage war eine kuriose Nachahmung desjenigen seiner Frühzeit. Nicht genug, daß die Gegend von Pfeiffering [...] einen mit einer Gemeindebank geschmückten Hügel aufwies, der allerdings nicht »Zionsberg«, sondern der »Rohmbühel« hieß; nicht genug, daß auch, und zwar in ziemlich gleicher Entfernung vom Wirtshofe, wie die »Kuhmulde«, ein Teich vorhanden war, hier der »Klammerweiher« geheißen und ebenfalls sehr kalten Wassers. Nein, auch Haus, Hof, und Familienverhältnisse korrespondierten schlagend mit denen von Buchel.[230]

So lässt sich Adrian Leverkühn nach seinem einjährigen Palestrina-Aufenthalt 1912 auf dem Hof der Schweigestills nieder, wo er bis 1930 von der Welt zurückgezogen lebte. Der »Klammerweiher« sowie der »Rohmbühel« werden fortan zu Zielen der Rundgänge Adrian Leverkühns und dessen Besuchern in der Umgebung des

Schweigestill-Hofes. Auch liebt es Leverkühn, in klaren Winter-
nächten, mit dem Zug von abendlichen Opernaufführungen oder
Gesellschaften aus München kommend, am »Klammerweiher« ent-
langzugehen,[231] und hier sucht der Komponist auf kurzen Gängen
ins Freie Erholung von seinem Werk »Apocalipsis cum figuris«.
Als Adrian Leverkühn 1930 in geistige Umnachtung fällt und von
seiner Mutter auf den Buchel-Hof zurückgeholt werden soll, versucht er sich im »Klammerweiher« das Leben zu nehmen. In der
»Nachschrift« des Romans schildert Serenus Zeitblom dieses Vorkommnis:

> Eine Stunde später aber, als man ihn schlummernd
> wähnte, entwich er unversehens aus dem Hause und
> wurde von Gereon und einem Knecht erst eingeholt,
> als er am Klammerweiher sich seiner Oberkleider ent-
> ledigt hatte und schon bis zum Hals in das so rasch
> sich vertiefende Gewässer hineingegangen war. Er war
> im Begriff, darin zu verschwinden, als der Knecht sich
> ihm nachwarf und ihn ans Ufer brachte. Während man
> ihn nach dem Hof zurückführte, erging er sich wieder-
> holt über die Kälte des Weihers und fügte hinzu, es sei
> sehr schwer, sich in einem Wasser zu ertränken, in dem
> man oft gebadet und geschwommen habe. Er hatte das
> aber im Klammerweiher niemals, sondern nur in sei-
> nem heimischen Gegenstück, der Kuhmulde, als Knabe
> getan.[232]

Das reale oberbayerische Dorf Polling, Thomas Mann durch die Besuche bei seiner Mutter gut bekannt, dient im Roman nicht nur als
Modell für das ebenfalls oberbayerische Dorf Pfeiffering, sondern
ist auch Urbild des mitteldeutschen Ortes Buchel, dem Kindheits-
und Sterbeort Adrian Leverkühns. In Polling finden sich zehn Minuten von dem Klostergut der Familie Schweighart ein Badeteich
mit dem Namen Streicherweiher und ein sich daran anschließen-
der Hügel namens Schafbichl.[233] Diese lokalen Gegebenheiten Pol-

lings ähneln wiederum der Landschaft um Thomas Manns Tölzer Landhaus, zu dem der Weg vom Bahnhof ebenfalls am Klammerweiher entlangführte.[234] So sind die fiktiven Orte Pfeiffering und Buchel kunstvoll angefertigte Collagen aus verschiedenen landschaftlichen Besonderheiten von Polling und Tölz.

Thomas Mann schrieb den *Doktor Faustus* als amerikanischer Staatsbürger im kalifornischen Exil. In seinem Haus in Pacific Palisades mit Blick auf den Pazifischen Ozean und dem von Palmen umstandenen und mit Zitronen bewachsenen Garten gestaltete er die oberbayerische Landschaft seines Romans. Auf die Frage eines interessierten Lesers nach den Vorbildern des *Doktor Faustus* antwortete Thomas Mann in einem Brief vom 3. Juli 1949:

> Ihre Motivjägerei und Intervallen-Spekulation ist nicht nur nicht »unstatthaft«, sondern höchst geistvoll, zutreffend und willkommen. [...] Mit Pfeiffering bei Waldshut ist aber Polling bei Weilheim gemeint, wo ich oft war, bei einer Familie Schweighart, die ein altes Klostergut bewirtschaftete. Der Klammerweiher stammt von Tölz im Isartal.[235]

Spuren von Bad Tölz im Werk Klaus Manns

Wenn Thomas Manns Wurzeln in seiner protestantischen, norddeutschen Herkunft liegen, so sind diese bei seinem kosmopolitischen und heimatlosen Sohn Klaus Mann, wenn überhaupt, nur im katholischen Bayern zu finden.[236] Der in München geborene und aufgewachsene Schriftsteller liebte »das Katholische vor dem Protestantischen zu betonen; das Pathetische vor dem Ironischen.«[237] Das oberbayerische Milieu, das Klaus Mann unter anderem durch die alljährlichen Tölz-Aufenthalte bekannt war, lässt sich in etlichen seiner Erzählungen und Romane nachweisen. Schon in seinem 1926 erschienenen Erstlingsroman *Der fromme Tanz* spiegelt sich Klaus Manns ästhetisch stilisierte Religiosität wider.[238] Katholische Devotionalien wie Engelsfiguren, Madonnenbilder und Rosenkränze kommen immer wieder vor. Lokale Bezüge von Klaus Manns Tölzer Kindheitslandschaft lassen sich in seinem Werk häufig aufspüren. In *Der fromme Tanz* stellt Klaus Mann das Aufwachsen in ländlicher, naturnaher Umgebung als die einzig kindgerechte Rahmenbedingung für ein freies Aufwachsen dar.[239] Während Klaus Mann in seinen beiden Autobiographien *Kind dieser Zeit* und *Der Wendepunkt* eingehend über die Tölzer Jahre berichtet, ist eine ausführlichere fiktionale Darstellung in der *Kindernovelle* zu finden.

Kindernovelle

Klaus Mann schrieb die 1926 veröffentlichte *Kindernovelle* im Alter von zwanzig Jahren. Sie gilt als eine Art Racheakt auf die im gleichen Jahr publizierte Novelle *Unordnung und frühes Leid* seines Vaters. Beide Novellen erzählen von den Kindern der Familie Mann. In der *Kindernovelle* verarbeitet Klaus Mann Tölzer Kindheitseindrücke, wobei die dargestellten familiären Verhältnisse von den tatsächlich gegebenen stark abweichen. Die vier Kinder: Renate, Heiner – ein Selbstbildnis des Autors –, Fridolin und Lieschen wohnen allein mit ihrer Mutter Christiane, dem alten Hund Luxi und den Bediensteten in einem Haus »in der Nähe eines kleinen bayrischen Marktfleckens, nicht weit.« vom Gebirge [...].«[240] Der Vater, einst ein berühmter Philosoph, ist gestorben, seine Totenmaske hängt über dem Bett seiner Gemahlin.

> Man war gut aufgehoben in einer wohnlichen Villa, auf deren rotem Dach ein Gockelhahn sich nach dem Winde drehte. Der Garten der Villa war groß, vor dem Haus war er wohlgepflegt mit Wegen und rundlichen Beeten, aber nach hinten verwilderte er mehr und mehr, bis er an den großen Wald stieß, von dem nur ein löchriger Drahtzaun ihn trennte. [...]

Verließ man den Garten nach vorne, kam man auf die
graue Landstraße hinaus, die, in Windungen sanft ab-
steigend, hinunter führte zur Ortschaft. – Um in den
Ort zu gelangen, ist es aber auch möglich, gleich über
die Wiese zu gehen, zwischen deren Hügeln sich der
Wiesenweg schlängelt.[241]

Katia Mann mit Kindern vor dem Tölzer Landhaus.
Literaturarchiv der Monacensia, München.

Klaus Mann erzählt hier vom kindlichen Leben auf dem Land, vom
gemeinsamen Beerensuchen, den Unterrichtsstunden des Dorf-
schullehrers Burkhardt, den Spaziergängen im Garten, »der sich

im Sonnenuntergang grüngolden verklärte«,[242] den phantasievollen Spielen, den Gängen ins Dorf, vorbei an den Heiligenfiguren, die von den Hausfassaden »im grellen Faltenwurf ihrer Phantasiegewänder [...] Segen mit pathetisch geschwungenen Armen spenden«,[243] und vom Baden im Klammerweiher, »der schwarz und moorig zwischen den ernsten Tannen lag.«[244]

> Über alles liebten die Kinder den Geruch in den hölzernen Ankleidehäuschen, er war sonderbar altgewohnt und morastig, mit den Ausdünstungen trocknender Bademäntel und Trikots angenehm untermischt. Die Kinder atmeten ihn schnuppernd ein, obwohl er ihnen ziemlich unappetitlich, ja unanständig und verworfen schien.[245]

In diesen eng geschlossenen Kreis der Familie dringt der einundzwanzigjährige Till ein; ein junger Intellektueller und großer Verehrer des toten Vaters; auch bei Till finden sich Züge des Autors. Er quartiert sich im nahegelegenen »Café am Wald« ein; die Kinder nehmen ihn in das Reich ihrer Spiele auf, und für kurze Zeit verbindet ihn mit der Mutter ein Liebesverhältnis. In einer sommerlichen Liebesnacht wird diese erneut schwanger; Till reist am folgenden Tag plötzlich ab und lässt die Geliebte mit den Kindern allein zurück.

> Der Sommer wurde so heiß, wie lange kein Sommer vorher. Die staubigen Landstraßen glühten, die Erde war rissig und grau, die Bäume sehnten sich nach Erfrischung, dürr und ermattet standen sie in der blauen Glut dieser Wochen. Der Garten war still, nur vom Klammer-Weiher kam der Lärm der Schwimmenden her. Auch die Kinder waren zum Baden gegangen, Christiane saß allein in der Hitze.[246]

Nach Tills Abreise ist die familiäre Ordnung nur scheinbar wiederhergestellt, denn seit seinem Aufenthalt überschattet die Familie

Mann-Kinder mit Kindermädchen Betty.
Literaturarchiv der Monacensia, München.

das Geheimnis der Liebe, des Lebens und des Todes. Bei einem Spaziergang auf dem Waldfriedhof sehen die Kinder einen aufgebahrten Toten. Dieses Erlebnis macht vor allem auf Heiner tiefen Eindruck, der sich erstmals seiner eigenen Sterblichkeit bewusst wird.

Im Winter – »die Tannen standen vor weißen Wiesen schon schwarz und eiskalt, der Weiher war zugefroren«[247] – bringt die Mutter ihr fünftes Kind zur Welt, eine Tochter, durch deren Geburt die Kinder abermals das Mysterium des Lebens erfahren.

In der *Kindernovelle* nähert sich Klaus Mann dem Kindheitsmythos Tölz auf fiktional-literarischer Ebene, doch die Landschaftsschilderungen sind, da sie die gleichen landschaftlichen Erscheinungen zum Modell haben, mit denen der Autobiographien *Kind dieser Zeit* und *Der Wendepunkt* beinahe identisch. Die Kulisse des kindlichen Lebens auf dem Land, die Tölzer Umgebung, ist in der *Kindernovelle* so detailliert angelegt, dass es den Anschein hat, Klaus Mann habe die Novelle nur um ihretwillen geschrieben.

Flucht in den Norden

Auch in dem 1934 erschienenen Roman *Flucht in den Norden*, dem ersten im Exil entstandenen Erzählwerk Klaus Manns, lassen sich literarische Spuren von Tölzer Eindrücken nachweisen. Das Wasser des Klammerweihers, dessen spezifische Erscheinung Klaus Mann auch in der Autobiographie *Der Wendepunkt* beschreibt, wird in *Flucht in den Norden* einem finnischen See zugewiesen.

Johanna, die Heldin der Geschichte, reist, da sie 1933 aus Deutschland fliehen muss, nach Finnland, wo sie auf dem Landgut der Familie ihrer Freundin Karin unterkommt. Das finnische Gutshaus, auf einer breiten und staubigen Landstraße zu erreichen, liegt nur wenige Minuten von einem großen See entfernt, zu dem man über einen Wiesenweg gelangt. An diesem See verbringt Johanna mit Karin und deren Bruder Ragnar einige sorglose Tage.

> Die Beine ließen sie über dem Wasser baumeln. Johanna sagte: »Wie schwarz das Wasser in eurem See ist.«
> »Ja«, sagte Karin. »Es ist Moorwasser«. [. . .]
> Sie blieben noch eine Zeitlang sitzen, ins Wasser schauend, das durchsichtig bei aller Dunkelheit war, und sprachen nur ab und zu ein paar Worte.[248]

Der schwarze See, in dem Johanna, ohne sich viel bewegen zu müssen, schwimmen kann und der den ebenso schwarzen Augen Ragnars gleicht, zieht die junge Emigrantin in seinen Bann:

> Das Wasser war ziemlich kalt, es gab einiges kleine Ge-
> schrei, ehe man sich dazu entschloß unterzutauchen.
> Als Johanna endlich ausgestreckt im Wasser lag, er-
> schrak sie beinahe über die Veränderung, die mit ihrem
> Körper geschah. Der schwarze See hatte die Macht, die
> Glieder zu vergolden, die sich ihm anvertrauten. [...]
> Da gab es kein trübes Gelb mehr; sie hatte wirklich
> goldene Arme und Beine. Eine phantastische Sache!
> Johanna hielt ganz still, um sich das Wunder an ihren
> Gliedmaßen, die ihr auf eine merkwürdige Art fremd
> geworden waren, mit Andacht zu betrachten.[249]

Schließlich vermag Johanna sich von Ragnar und der nordländi-
schen Idylle zu lösen und reist zu ihren politischen Gesinnungsge-
nossen nach Paris.

Die Beschreibung der nordischen Landschaft geht auf Klaus
Manns Skandinavienreise 1932 zurück. Auf dem finnischen Landgut der Familie seines Freundes Hans Aminhoff schwamm er wiederholt im Ruowesi-See, der in der Nähe des Aminhoffschen Hauses lag. Das ländlich abgeschiedene Gutshaus sowie die sommerliche Atmosphäre am großen See mag Klaus Mann an die Tölzer
Kindertage erinnert haben. So beschreibt er in *Flucht in den Norden*
das Wasser des finnischen Sees nach den Eigenschaften des Wassers des Klammerweihers, das Klaus Mann auch im *Wendepunkt*
charakterisiert:

> Das Moorwasser, es ist gold-schwarz in meiner Er-
> innerung, atmet einen kräftig-aromatischen, dabei et-
> was fauligen Geruch. Es ist von seltsamer Substanz,
> das Wasser des Klammerweihers, sehr klar trotz sei-
> ner dunklen Färbung, von fast öliger Weichheit, und so
> schwer, daß man das eigene Gewicht kaum spürt, so-
> lange man sich seiner goldenen Tiefe anvertraut.[250]

Schluss

Nachdem die Familie Mann das Tölzer Landhaus im September 1917 aufgegeben hatte, zog erst zwei Jahre später der Verlag *Bremer Presse* von seinem Gründungsort Bremen in die Tölzer Villa, da sich die Leiter des Verlags in der Nähe großer Bibliotheken und der Münchener Universität niederlassen wollten. Der bibliophile Verlag, der 1911 von Willy Wiegand, dem neuen Eigentümer des Landhauses, und Ludwig Wolde gegründet worden war, gab in Thomas Manns ehemaligem Landhaus heute so gesuchte Drucke wie Bacons Essays, Kleists *Robert Guiskard*, Tibulls Elegien und Goethes *Urfaust* heraus.[251] Doch bereits im April 1921 übersiedelte die *Bremer Presse* endgültig nach München und verkaufte die Villa an die Rittergutsbesitzer Richard Hermann Wex und Karl Anton von Brocken aus Mecklenburg.[252] Im Jahr 1926 erwarb der »Orden der Armen Schulschwestern von Unserer Lieben Frau in Bayern« das Anwesen und richtete in der ehemaligen Villa Thomas Manns das Gästehaus des benachbarten St.-Josefsheims ein, das um 1920 gebaut wurde und als Altersruhesitz für betagte Schwestern dient.[253] Der Orden ist noch heute Besitzer des Landhauses, in dem nun vor allem der Hausgeistliche untergebracht ist. Äußerlich ist die Villa nahezu unverändert, lediglich die beiden großen Rundbogenfenster im Erdgeschoss sind normalen Fenstern gewichen. Im Inneren des Hauses wurden einige Räume abgetrennt, doch Parkett und Treppengeländer befinden sich im originalen Zustand und haben wie das ganze Anwesen die Zeit gut überstanden. Ein im Bauplan eingezeichnetes Wandschränkchen in Thomas Manns Arbeitszimmer

steht heute noch an seinem Platz. 1973 wurde das Haus unter Denk-
malschutz gestellt.

Die Stadt Bad Tölz hat durch einige Veranstaltungen versucht,
das Andenken Thomas Manns in der Kurstadt zu fördern. 1989
pflanzte Golo Mann anlässlich seines 80. Geburtstages am Ufer des
Klammerweihers eine Friedenseiche, diese wurde vor kurzer Zeit
wiederholt das Ziel von Vandalen, die den Stamm der Eiche durch-
sägten und den Baum somit zerstörten. Der »Freundeskreis der Familie Thomas Mann« in Bad Tölz organisierte im Herbst 2006 eine
Pflanzaktion von sechs Bäumen, die an jene sechs Familienmitglieder der Manns erinnern sollen, die hier ihre gemeinsamen Sommer-
frischen verlebten. Im Jahr 2001 wurde der Wanderweg entlang des
Klammerweihers in Thomas-Mann-Weg umbenannt. Eine Gedenk-
tafel vor dem Gartentor des einstigen Sommersitzes von Thomas
Mann weist auf den ehemaligen Besitzer hin. Darauf ist der einzige
gesperrt gedruckte Satz aus dem Roman *Der Zauberberg* zu lesen:
»Der Mensch soll um der Güte und Liebe willen dem Tode keine
Herrschaft einräumen über seine Gedanken.«

Die Schicksale der vier Häuser, die sich Thomas und Katia
Mann bauen ließen, sind sehr verschiedenartig. Aus dreien wurden
Thomas Mann und seine Familie vertrieben: aus München und Nidden durch die Nationalsozialisten und aus Pacific Palisades durch
die zunehmende Hetze gegen Linksintellektuelle und die Kommu-
nistenjagd der McCarthy-Ära in den Vereinigten Staaten.[254] Die
Münchener Villa in der Poschingerstraße wurde im Krieg schwer
beschädigt, und Thomas Mann gab 1952 sein Einverständnis, die
Reste des Hauses abzureißen. Jahrzehntelang stand auf den Grund-
mauern der »Poschi« ein 1955 errichteter Bungalow, der mit der
ursprünglichen Villa wenig Gemeinsamkeiten hatte. Mittlerweile
hat ein Privatmann auf dem Grundstück eine der »Poschi« äußerlich ähnliche Stadtvilla errichtet. Das Sommerhaus in Nidden auf
der Kurischen Nehrung wurde ebenfalls Opfer des Krieges. Eine
Granate riss gegen Kriegsende einen ganzen Teil des Hauses weg,
danach verheizte eine russische Garnison weitere Überbleibsel des

kleinen Sommersitzes. 1954 stand es auf der Liste der abzutragenden Kriegsruinen; wurde dann aber doch ein Jahr später restauriert. Es folgten zwei weitere Restaurierungen 1975 und 1995, wobei die letzte anhand der originalen Baupläne erfolgte. Heute beherbergt es ein vom litauischen Staat finanziertes kleines Thomas-Mann-Museum sowie das Thomas-Mann-Kulturzentrum, das von einem internationalen Kuratorium getragen wird.[255] Die von Thomas Mann 1952 veräußerte Villa am San Remo Drive in Pacific Palisades befindet sich heute in Privatbesitz. Eine etwas versteckte Tafel weist auf das hinter Hecken verborgene Haus hin, das Thomas Mann zehn Jahre lang bewohnte.[256] Nur dieses und das am anderen Ende der Welt gelegene Tölzer Landhaus sind also in ihrem ursprünglichen Zustand erhalten. Kein anderes deutsches Domizil Thomas Manns weist einen höheren »Grad von Authentizität«[257] auf als sein einstiges Tölzer Landhaus. Dieser in Deutschland einmalige Ort verlangt wegen seiner Unersetzlichkeit besonderen Schutz. Die »Voraussetzung für solchen Schutz ist die lebendige Erinnerung«.[258] Wenn diese Arbeit und die in ihr enthaltenen erstmals aufgespürten Lebenszeugnisse dazu beitragen sollten, das Andenken Thomas Manns in Bad Tölz zu bewahren und lebendig zu erhalten, dann hätte sie ihre wichtigste Aufgabe erfüllt.

Anmerkungen

[1] Vgl. Hermann Muthesius: Bedingungen, Anlage und Ausstattung des modernen Landhauses. In: Hermann Muthesius (Hrsg.): Landhaus und Garten. Beispiele neuzeitlicher Landhäuser nebst Grundrissen, Innenräumen und Gärten. München 1907, S. IX.

[2] Christian Krügel: Landpartie literarisch. Auf den Spuren großer Dichter im Münchner Umland. München 2003, S. 8.

[3] Thomas Sprecher, Hans R. Vaget und Cornelia Bernini (Hrsg.): Thomas Mann. Briefe I. 1889–1913. Große kommentierte Frankfurter Ausgabe. Bd. 21. Frankfurt/Main 2002, S. 421f. (zitiert: GKFA Bd. 21)

[4] Thomas Mann: Meine Arbeitsweise. In: Peter de Mendelssohn (Hrsg.): Thomas Mann: Über mich selbst. Autobiographische Schriften. Frankfurt/ Main 1983, S. 478.

[5] Vgl. Ilka von Vignau: Werdenfelser Land. Garmisch-Partenkirchen, Mittenwald; mit Ammergau und Isarwinkel. München 1984, S. 394ff.

[6] Kurverein Bad Tölz (Hrsg.): Bad Tölz. Kurprospekt mit Spezial-Prospekt der A.-G. der Krankenheiler Jodquellen und Wohnungs-Liste des Ortsverschönerungs-, Kur- und Fremdenverkehrsvereins Bad Tölz. Bad Tölz 1906, S. 4.

[7] Vgl. Elisabeth Tworek: Spaziergänge durch das Alpenvorland der Literaten und Künstler. Zürich 2004, S. 223.

[8] Karl Smikalla: Thomas Manns heimliche Liebe zum Tegernsee. 2001, S. 37ff.

[9] Thomas Mann an Carl Ehrenberg, 20.03.1902. TMA Zürich.

[10] Hans Wysling (Hrsg.): Thomas Mann. Briefe an Kurt Martens 1. 1899–1907. In: Eckhard Heftrich und Hans Wysling (Hrsg.): Thomas Mann Jahrbuch. Bd. 3. Frankfurt/Main 1990, S. 209. (zitiert: Briefe an Kurt Martens 1)

[11] Vgl. Tölzer Kurier, Sa. 22. August 1903. Stadtarchiv Bad Tölz. (Ein Jahr später ist Kurt Martens ohne Familie unter der Villa Bellaria gelistet.)

[12] Vgl. Hans Wysling und Yvonne Schmidlin (Hrsg.): Thomas Mann. Notizbücher. Bd. 1. Frankfurt/Main 1991, S. 287. (zitiert: Notizbücher 1)

[13]GKFA Bd. 21, S. 390f.

[14]Diese bislang unbekannte Information konnte der Verfasser anhand eines Briefes des Architekten Hugo M. Roeckl an den Magistrat der Stadt Bad Tölz vom 18. September 1908 entnehmen. In diesem Brief wird Thomas Manns Tölzer Adresse angegeben.

[15]Vgl. Dirk Heißerer: Wo die Geister wandern. Eine Topographie der Schwabinger Bohème um 1900. München 1993, S. 12f.

[16]Umschreibheft zum Grundsteuerkataster der Steuergemeinde Bad Tölz, Blatt Nr. 1189.

[17]Hans-Rudolf Wiedemann (Hrsg.): Thomas Manns Schwiegermutter erzählt oder Lebendige Briefe aus großbürgerlichem Hause. Hedwig Pringsheim-Dohm an Dagny Langen-Sautreau. Lübeck 1985, S. 28f.

[18]Vgl. Peter de Mendelssohn: Der Zauberer. Das Leben des deutschen Schriftstellers Thomas Mann. 3 Bde. Frankfurt/ Main 1997, S. 1240. (zitiert: Mendelssohn) (Laut Katia Manns Erinnerung hieß dieser Mann von Maltzahn. Nach einem Adressbuch der Stadt Bad Tölz von 1911 ließ sich der Name richtigstellen.)

[19]Hans Wißkirchen: Die Familie Mann. Hamburg 1999, S. 42f.

[20]Vgl. Mendelssohn, S. 1238.

[21]Benannt nach dem Tölzer Pfarrorganisten und Komponisten Christoph Heiß.

[22]Der Verfasser konnte den im Grundbuchamt Wolfratshausen befindlichen Kaufvertrag einsehen. Außerdem: Vgl. Hansgeorg Blechschmid: Thomas Mann und das Recht. München 2004, S. 11f.

[23]Vgl. Elisabeth Plessen und Michael Mann (Hrsg.): Katia Mann. Meine ungeschriebenen Memoiren. Frankfurt/Main 1974.

[24]Peter de Mendelssohn (Hrsg.): Thomas Mann. Briefe an Otto Grautoff 1894–1901 und Ida Boy-Ed 1903–1928. Frankfurt/ Main 1975, S. 161. (zitiert: Briefe an Ida Boy-Ed)

[25]Dirk Heißerer (Hrsg.): Thomas Manns »Villino« am Starnberger See 1919–1923. München 2001, S. 58f. (zitiert: Villino)

[26] Hans Wysling und Yvonne Schmidlin (Hrsg.): Thomas Mann. Notizbücher. Bd. 2. Frankfurt/Main 1992, S. 180. (zitiert: Notizbücher 2)

[27] Die Bauakte – einschließlich der Baupläne – konnte im Rahmen dieser Arbeit im Staatsarchiv München gefunden werden.

[28] Brief des Architekten Hugo M. Roeckl an den Magistrat der Stadt Bad Tölz vom 18. September 1908. Staatsarchiv München.

[29] Ortspolizeiliche Bestätigung des Magistrats Bad Tölz vom 16.09.1908.

[30] Heute Hindenburgstraße.

[31] Erika Mann (Hrsg.): Thomas Mann. Briefe. Bd.1. 1889–1936. Frankfurt 1961, S. 72f. (zitiert: Br 1)

[32] Infolge von Umlegungsverfahren heute Heißstraße 25.

[33] Siehe die Lagepläne am Vermessungsamt Bad Tölz sowie das Umschreibheft zum Grundsteuerkataster der Steuergemeinde Bad Tölz.

[34] Vgl. Albert von Schirnding: Die literarische Kälte des Klammerweihers. In: Süddeutsche Zeitung. 28. November 2002, S. N2.

[35] Das Grundstück wurde später mit der Bairawieser Straße 28 zusammengelegt. Heute befindet sich hier die Von-Rothmund-Schule, eine Förderschule für geistig behinderte Kinder.

[36] Klaus Mann: Kind dieser Zeit. Hamburg 2000, S. 17. (zitiert: Kind dieser Zeit)

[37] Vgl. Mendelssohn, S. 1280f.

[38] Tölzer Kurier, Mi. 30. Juni 1909, S. 4. Stadtarchiv Bad Tölz.

[39] GKFA Bd. 21, S. 403f.

[40] Hans Wysling (Hrsg.): Thomas Mann – Heinrich Mann. Briefwechsel 1900–1949. Frankfurt/Main 1984, S. 100. (zitiert: Briefe an Heinrich Mann)

[41] GKFA Bd. 21, S. 421f.

[42] Hedwig Pringsheim an Maximilian Harden, 12.10.1909. Bundesarchiv Koblenz; vgl. auch Hedwig Pringsheim: Meine Manns. Briefe an Maximilian Harden. Berlin 2006, S. 97f. (zitiert: Meine Manns.)

[43] Heute Hindenburgstraße.

[44] Vgl. Anna Zanco Prestel (Hrsg.): Erika Mann. Briefe und Antworten. Bd. 2: 1951–1969. München 1985, S. 154f.

[45] Vgl. Mendelssohn, S. 1253

[46] Vgl. Hans Wysling (Hrsg.): Thomas Mann. Briefwechsel mit Autoren. Frankfurt/Main 1988, S. 82.

[47] Vgl. Briefe an Ida Boy-Ed, S. 165f.

[48] GKFA Bd. 21, S. 422f.

[49] Br 1, S. 77.

[50] Vgl. Mendelssohn, S. 1285.

[51] Br 1, S. 77f.

[52] Vgl. Mendelssohn, S. 1289.

[53] Thomas Mann: Little Grandma. In: Peter de Mendelssohn (Hrsg.): Thomas Mann: Über mich selbst. Autobiographische Schriften. Frankfurt/Main 1983, S. 190f.

[54] Katia Mann an Heinrich Mann, 10.09.1909. Deutsches Literaturarchiv Marbach am Neckar.

[55] GKFA Bd. 21, S. 452.

[56] Briefe an Ida Boy-Ed, S. 170.

[57] Br 1, S. 88.

[58] Ebd.

[59] GKFA Bd. 21, S. 466.

[60] Briefe an Heinrich Mann, S. 113.

[61] Thomas Mann an Philipp Witkop, 23.10.1910. TMA Zürich.

[62] Villino, S. 81.

[63] Vgl. den am Grundbuchamt Wolfratshausen befindlichen Kaufvertrag sowie die Vollmachtserklärungen.

[64] Kind dieser Zeit, S. 17.

[65] Brief des Kgl. Bezirksamtes Tölz an den Magistrat der Stadt Bad Tölz, 19.04.1911. Staatsarchiv München.

[66] Die Baulinienänderung und der Situationsplan – Teil des Bauaktes – konnten im Staatsarchiv München gefunden werden.

[67] Vgl. Thomas Mann an Maximilian Brantl, 17.03.1911. Buddenbrookhaus Lübeck.

[68] Br 1, S. 89.

[69] GKFA Bd. 21, S. 476.

[70] Br 1, S. 90.

[71] Villino, S.82.

[72] Thomas Mann an Hans von Hülsen, 11.07.1911. TMA Zürich.

[73] Vgl. Mendelssohn, S. 1443f.

[74] Erika Mann (Hrsg.): Briefe. Bd. 3. 1948–1955 und Nachlese. Frankfurt/Main 1965, S. 461.

[75] Thomas Mann an Hans von Hülsen, 21.08.1911. TMA Zürich.

[76] Br 1, S. 91.

[77] Vgl. Inge und Walter Jens: Frau Thomas Mann. Reinbek 2003, S. 85.

[78] Ebd.

[79] Thomas Mann an Hans von Hülsen, 02.10.1911. TMA Zürich.

[80] Vgl. Rosemarie Eggert (Hrsg.): Julia Mann. Ich spreche so gern mit meinen Kindern. Erinnerungen, Skizzen, Briefwechsel mit Heinrich Mann. Berlin 1991, S. 213f.

[81] Thomas Mann an Hans von Hülsen, 21.07.1912. TMA Zürich.

[82] Thomas Mann: Lebensabriß. In: Peter de Mendelssohn (Hrsg.): Thomas Mann: Über mich selbst. Autobiographische Schriften. Frankfurt/Main 1983, S. 126.

[83] Hans Wysling (Hrsg.): Thomas Mann. Briefwechsel mit Autoren. Frankfurt/Main. 1988, S. 204.

[84] Inge Jens (Hrsg.): Thomas Mann an Ernst Bertram. Briefe aus den Jah-

ren 1910–1955. Pfullingen 1960, S. 16. (zitiert: Briefe an Ernst Bertram)

[85] Vgl. Briefe an Ernst Bertram, S. 16.

[86] Briefe an Ida Boy-Ed, S. 172f.

[87] Hans Wysling (Hrsg.): Thomas Mann. Briefe an Kurt Martens 2. 1908–1935. In: Eckhard Heftrich und Hans Wysling (Hrsg.): Thomas Mann Jahrbuch. Bd. 4. Frankfurt/Main 1991, S. 199. (zitiert: Briefe an Kurt Martens 2)

[88] Briefe an Ernst Bertram, S. 17f.

[89] GKFA Bd. 21, S. 529.

[90] Ebd., S. 531f.

[91] Vgl. Thomas Mann an Samuel Fischer, 17.09.1913. TMA Zürich.

[92] Briefe an Ernst Bertram, S. 18.

[93] Volkmar Hansen und Gert Heine (Hrsg.): Frage und Antwort. Interviews mit Thomas Mann 1909–1955. Hamburg 1983, S. 28ff.

[94] Golo Mann: Erinnerungen und Gedanken. Eine Jugend in Deutschland. Frankfurt/Main 1986, S. 31. (zitiert: Erinnerungen und Gedanken)

[95] Viktor Mann: Wir waren fünf. Bildnis der Familie Mann. Konstanz 1949, S. 349.

[96] Briefe an Ida Boy-Ed, S. 175.

[97] Thomas Mann an Hans von Weber, 02.12.1913. TMA Zürich.

[98] Thomas Mann an Hans von Hülsen, 15.12.1913. TMA Zürich.

[99] Vgl. Thomas Mann an Philipp Witkop, 03.07.1914. TMA Zürich.

[100] Aus der Katasterserie für Bad Tölz am Staatsarchiv München geht hervor, dass die Villa von Hüls 1914 den Besitzer wechselte. Daher ist es möglich, dass die Familie Löhr während dieser Zeit für einige Wochen in der Villa von Hüls wohnte.

[101] Vgl. ebd., S. 87f.

[102] Auf Seite 90 des zehnten Notizbuches findet sich die Fahrplannotiz der

Abfahrtszeiten Freiburg–München, München–Tölz. Vgl. Notizbücher 2, S. 261.

[103] Thomas Mann an Philipp Witkop, 18.07.1914. TMA Zürich.

[104] Thomas Mann an Philipp Witkop, 20.07.1914. TMA Zürich.

[105] Briefe an Heinrich Mann, S. 130.

[106] Klaus Mann: Der Wendepunkt. Ein Lebensbericht. Hamburg [16]2004, S. 65. (zitiert: Der Wendepunkt)

[107] Der Wendepunkt, S. 66.

[108] Briefe an Heinrich Mann, S. 131.

[109] Ebd., S. 132.

[110] Br 1, S. 114.

[111] Thomas Sprecher, Hans R. Vaget und Cornelia Bernini (Hrsg.): Thomas Mann. Briefe II. 1914–1923. Große kommentierte Frankfurter Ausgabe. Bd. 22. Frankfurt/Main 2004, S 56. (zitiert: GKFA Bd. 22)

[112] Notizbücher der Hedwig Pringsheim. Eintrag vom 23.01.1915. TMA Zürich.

[113] Vgl. Briefe an Kurt Martens 2, S. 210.

[114] Briefe an Ernst Bertram, S. 21.

[115] Thomas Mann an den Tölzer Regierungsrat Stridinger, 13.03.1915. TMA Zürich.

[116] Thomas Mann an Maximilian Brantl, 17.07.1915. Buddenbrookhaus Lübeck.

[117] Herbert Wegener (Hrsg.): Thomas Mann. Briefe an Paul Amann 1915–1952. Lübeck 1959, S. 29. (zitiert: Briefe an Paul Amann)

[118] Der Wendepunkt, S. 75.

[119] Briefe an Paul Amann, S. 29.

[120] Vgl. Mendelssohn, S. 1677.

[121] Thomas Mann an Stefan Großmann, 20.08.1915. TMA Zürich.

[122] Briefe an Paul Amann, S. 31.

[123]Ebd., S. 30.

[124]Thomas Mann an Philipp Witkop, 15.10.1915. TMA Zürich.

[125]Briefe an Paul Amann, S. 35; zum Hundenamen »Motz« vgl. Meine Manns, S. 40.

[126]Monika Mann: Vergangenes und Gegenwärtiges. Erinnerungen. Hamburg ²2002, S. 32. (zitiert: Vergangenes und Gegenwärtiges)

[127]Meine Manns, S. 175–177.

[128]Briefe an Paul Amann, S. 42.

[129]Briefe an Paul Amann, S. 43.

[130]Vgl. Mendelssohn, S. 1609; vgl. auch Kurzke, S. 280ff.

[131]Briefe an Paul Amann, S. 43.

[132]GKFA Bd. 22, S. 136f.

[133]Briefe an Ernst Bertram, S. 36.

[134]Ebd., S. 31.

[135]Notizbücher der Hedwig Pringsheim. Eintrag vom 24.07.1916. TMA Zürich.

[136]Erinnerungen und Gedanken, S. 50.

[137]Thomas Mann: Herr und Hund. Ein Idyll. Berlin 1990, S. 22. (zitiert: Herr und Hund)

[138]Hans Bürgin und Hans-Otto Mayer (Hrsg.): Die Briefe Thomas Manns. Regesten und Register. Band 1. Die Briefe von 1889 bis 1933. Frankfurt/Main 1976, S. 231.

[139]Der Verfasser konnte den am Grundbuchamt Wolfratshausen befindlichen Kaufvertrag einsehen. Außerdem: Vgl. Hansgeorg Blechschmid: Thomas Mann und das Recht. München 2004, S. 12.

[140]Vgl. Mendelssohn, S. 1807f.

[141]Wohnungs-Nachweis-Bureau Lion & Cie. an Thomas Mann, 10.07.1917. Buddenbrookhaus Lübeck.

[142] Katia Mann an Maximilian Brantl, 12.07.1917. Buddenbrookhaus Lübeck.

[143] Rechtsanwalt Adolf Strauss an Maximilian Brantl, 16.07.1917. Buddenbrookhaus Lübeck.

[144] Maximilian Brantl an Thomas Mann, 17.07.1917. Buddenbrookhaus Lübeck.

[145] Thomas Mann an Maximilian Brantl, 20.07.1917. Buddenbrookhaus Lübeck.

[146] Briefe an Ernst Bertram, S. 50.

[147] Ebd., S. 50f.

[148] Ernst Bertram: Nietzsche. Versuch einer Mythologie. Berlin 1918.

[149] Briefe an Ernst Bertram, S. 48.

[150] Ebd., S. 51.

[151] Albert von Schirnding: Im Namen Nietzsches. Die Beziehung von Thomas Mann und Ernst Bertram. In: Dirk Heißerer (Hrsg.): Thomas Mann in München. Vortragsreihe Sommer 2003. München 2004, S. 176.

[152] Ebd.

[153] GKFA Bd. 22, S. 203.

[154] Ebd., S. 205.

[155] Erinnerungen und Gedanken, S. 51.

[156] Thomas Mann an Klaus Pringsheim, 21.09.1917. TMA Zürich.

[157] So bezeichnete Hedwig Pringsheim ihren Privatsalon, der ausschließlich mit Möbeln und Gegenständen aus der napoleonischen Zeit eingerichtet war. Vgl. GKFA Bd. 22, S. 706.

[158] GKFA Bd. 22, S. 211.

[159] Ebd., S. 688.

[160] Briefe an Paul Amann, S. 60.

[161] GKFA Bd. 22, S. 202.

[162] Briefe an Ida Boy-Ed, S. 194f.

[163] Br 1, S. 148.

[164] Vgl. Dirk Heißerer: Wellen, Wind und Dorfbanditen. Literarische Erkundungen am Starnberger See. München [3]1999, S. 161f.

[165] Briefe an Ida Boy-Ed, S. 185.

[166] Thomas Mann: Buddenbrooks. Verfall einer Familie. Frankfurt/Main 1974, S. 671f.

[167] Albert von Schirnding: Die Familie Mann in Tölz. Zur Veranstaltung der Buchhandlung Winzerer am 19. Mai 2001, S. 10. Unveröffentlicht. (zitiert: Schirnding, Tölz)

[168] Vgl. Mendelssohn, S. 1809.

[169] Vgl. Thomas Mann an Hedwig Buller, 7.10.1927. TMA Zürich.

[170] Inge Jens (Hrsg.): Thomas Mann: Tagebücher. 1951–1952. Bd. 9. Frankfurt/ Main 1993, S. 245.

[171] Kind dieser Zeit, S. 17.

[172] Der Wendepunkt, S. 57ff.

[173] Vgl. Schirnding, Tölz, S. 10.

[174] Vergangenes und Gegenwärtiges, S. 27f.

[175] Erinnerungen und Gedanken, S. 64.

[176] Der Wendepunkt, S. 60.

[177] Die Köchin der Familie Mann heiratete später den Besitzer der Friedhofsgärtnerei, Michael Schmidl. Vgl. Schirnding, Tölz, S. 4.

[178] Der Wendepunkt, S. 62; Kapitelüberschrift »Mythen der Kindheit«

[179] Kind dieser Zeit, S. 38f.

[180] Vgl. ebd., S. 28ff.

[181] Vgl. Dirk Heißerer: Nachwort zu Erika Manns Roman Stoffel fliegt übers Meer. In: Erika Mann: Stoffel fliegt übers Meer. München [2]2002, S. 117.

[182] Der Wendepunkt, S. 36.

[183] Kind dieser Zeit, S. 20.

[184] Irmela von der Lühe und Uwe Naumann (Hrsg.): Erika Mann. Mein Vater, der Zauberer. Hamburg 1996, S. 26.

[185] Vergangenes und Gegenwärtiges, S. 29.

[186] Vergangenes und Gegenwärtiges, S. 29.

[187] Vgl. Kind dieser Zeit, S. 44.

[188] Erinnerungen und Gedanken, S. 50.

[189] Schirnding, Tölz, S. 13.

[190] Kind dieser Zeit, S. 47.

[191] Vergangenes und Gegenwärtiges, S. 31.

[192] Der Wendepunkt, S. 48.

[193] Irmela von der Lühe und Uwe Naumann (Hrsg.): Erika Mann. Blitze überm Ozean. Aufsätze, Reden, Reportagen. Hamburg 2000, S. 78.

[194] Erinnerungen und Gedanken, S. 51f.

[195] Vergangenes und Gegenwärtiges, S. 31.

[196] Thomas Mann: Bilse und Ich. In: Peter de Mendelssohn (Hrsg.): Thomas Mann. Rede und Antwort. Über eigene Werke. Huldigungen und Kränze: Über Freunde, Weggefährten und Zeitgenossen. Frankfurt/Main 1984, S. 21.

[197] Thomas Mann: Der Tod in Venedig. Frankfurt/Main 2000, S. 11. (zitiert: Der Tod in Venedig)

[198] Der Tod in Venedig, S. 11.

[199] Ebd., S. 12.

[200] Ebd.

[201] Ebd., S. 20.

[202] Ebd., S. 80.

[203] Ebd., S. 50.

[204] Vgl. ebd., S. 78.

[205] Vgl. Schirnding, Tölz, S. 15.

[206] Der Tod in Venedig, S. 78f.

[207] Vgl. Schirnding, Tölz, S. 15.

[208] Vgl. Thomas Scheuffelen: Eine Museumslandschaft? 20 Jahre Marbacher Arbeitsstelle für literarische Museen. In: Christiane Kussin (Hrsg.): Dichterhäuser im Wandel – Wie sehen Literaturmuseen und Literaturausstellungen der Zukunft aus? Berlin 2001, S. 51. (zitiert: Scheuffelen)

[209] Vgl. Scheuffelen, S. 51.

[210] Herr und Hund, S. 18.

[211] Ebd.

[212] Ebd.

[213] Ebd., S. 20.

[214] Vgl. Erinnerungen und Gedanken, S. 51.

[215] Herr und Hund, S. 22.

[216] Ebd., S. 23.

[217] Ebd.

[218] Ebd., S. 24.

[219] Ebd., S. 26.

[220] Ebd.

[221] Briefe an Ernst Bertram, S. 21.

[222] Ebd., S. 242f.

[223] Hans Wysling (Hrsg.): Dichter über ihre Dichtungen. Thomas Mann. Teil 1: 1889–1917. München 1975, S. 525.

[224] Vgl. Michael Neumann (Hrsg.): Thomas Mann. Der Zauberberg. Kommentar. GKFA Bd. 5.2. Frankfurt/Main 2002, S. 42f.

[225] Thomas Mann: Der Zauberberg. Frankfurt/Main [12] 1999, S. 643f.

[226] Ebd., S. 643.

[227] Thomas Mann: Doktor Faustus. Das Leben des deutschen Tonsetzers Adrian Leverkühn, erzählt von einem Freunde. Frankfurt/Main [34] 2003, S. 35f. (zitiert: Doktor Faustus)

[228] Doktor Faustus, S. 262.

[229] Vgl. ebd., S. 276.

[230] Ebd., S. 36.

[231] Vgl. ebd., S. 345.

[232] Ebd., S. 668f.

[233] Vgl. Friedrich Wambsganz: Thomas Manns »Doktor Faustus« – das fehlgeleitete deutsche Genie. Eine politische Analyse der Hauptmotive des Romans unter Einbeziehung der Selbstzeugnisse und Reden des Autors. Norderstedt 2002, S. 12f.

[234] Der alte Tölzer Bahnhof befand sich unweit des Klammerweihers und des Landhauses Thomas Manns. Heute Alter Bahnhofsplatz.

[235] Thomas Mann an Adolf Pfanner, 03.07.1949. TMA Zürich.

[236] Vgl. Fredric Kroll (Hrsg.): Klaus-Mann-Schriftenreihe. Bd. 2. 1906–1927. Unordnung und früher Ruhm. Wiesbaden 1977, S. 21. (zitiert: Kroll)

[237] Kind dieser Zeit, S. 231.

[238] Vgl. Kroll, S. 21.

[239] Nicole Schaenzler: Klaus Mann als Erzähler. Studien zu seinen Romanen »Der fromme Tanz« und »Der Vulkan«. Paderborn 1995, S. 29f.

[240] Klaus Mann: Kindernovelle. München 1964, S. 7. (zitiert: Kindernovelle)

[241] Kindernovelle, S. 7f.

[242] Ebd., S. 18.

[243] Ebd., S. 32f.

[244] Ebd., S. 14.

[245] Ebd.

[246]Ebd., S. 79.

[247]Ebd., S. 101.

[248]Klaus Mann: Flucht in den Norden. Hamburg 2003, S. 48.

[249]Ebd., S. 76f.

[250]Der Wendepunkt, S. 60.

[251]Bernhard Zeller und Werner Volke (Hrsg.): Buchkunst und Dichtung. Zur Geschichte der Bremer Presse und der Corona. München 1966, S. 24.

[252]Grundsteuer-Kataster-Umschreibheft der Steuergemeinde Tölz, Blatt Nr. 1410.

[253]Beide Häuser sind heute unter der Adresse Heißstraße 31 vereinigt.

[254]Vgl. Schirnding, Tölz, S. 1.

[255]Thomas Sprecher: »Alles ist weglos«. Thomas Mann in Nidden. Marbacher Magazin, Sonderheft 89/2000. Marbach am Neckar 2000, S. 103ff.

[256]Heinrich Wefing: 1550 San Remo Drive, Pacific Palisades, Kalifornien. Kein deutscher Gedächtnisort: Vor sechzig Jahren bezog Thomas Mann sein Haus in den Hügeln von Los Angeles. In: FAZ, Nr. 88, 16.04.2002, S. 52; Auskunft Angela Jung, Los Angeles.

[257]Scheuffelen, S. 48.

[258]Thomas Scheuffelen: Von Marbach aus – Literaturmuseen in Baden-Württemberg. In: Hans Wißkirchen (Hrsg.): Dichter und ihre Häuser. Die Zukunft der Vergangenheit. Lübeck 2002, S. 186.

Literaturverzeichnis

Berendsohn, Walter A.: Thomas Mann und die Seinen. Porträt einer literarischen Familie. Bern 1973.

Bertram, Ernst: Nietzsche. Versuch einer Mythologie. Berlin 1918.

Beyer, Susanne: »Sonderbarer Traum«. In: Der Spiegel, Nr. 12, 21.03.2005, S. 172–174.

Bitterli, Urs: Golo Mann – Instanz und Außenseiter. Zürich 2004.

Blechschmid, Hansgeorg: Thomas Mann und das Recht. München 2004.

Braun, Peter: Dichterhäuser. München 2003.

Bürgin, Hans und Mayer, Hans-Otto: Thomas Mann. Eine Chronik seines Lebens. Frankfurt/Main 1965.

Bürgin, Hans und Mayer, Hans-Otto (Hrsg.): Die Briefe Thomas Manns. Regesten und Register. 5 Bde. Frankfurt/Main 1976–87.

Carlsson, Anni und Michels, Volker (Hrsg.): Hermann Hesse – Thomas Mann. Briefwechsel. Frankfurt/Main [3]1999.

Detering, Heinrich (Hrsg.): Thomas Mann. Essays 1. 1893–1914. Große kommentierte Frankfurter Ausgabe. Bd. 14.1. Frankfurt/Main 2002.

Detering, Heinrich (Hrsg.): Thomas Mann. Essays 1. 1893–1914. Kommentar. Große kommentierte Frankfurter Ausgabe. Bd. 14.2. Frankfurt/Main 2002.

Dietzel, Ulrich und Eggert, Rosemarie (Hrsg.): Heinrich Mann. Briefe an Ludwig Ewers. 1889–1913. Berlin 1980.

Eggert, Rosemarie (Hrsg.): Julia Mann. Ich spreche so gern mit meinen Kindern. Erinnerungen, Skizzen, Briefwechsel mit Heinrich Mann. Berlin 1991.

Engel, Georg: Kapitän Spieker und sein Schiffsjunge. Berlin 1912.

Gockel, Heinz: Thomas Mann und Bad Tölz. Vortrag anläßlich einer vom Tölzer Lions-Club organisierten Ausstellung am 24. Oktober 1998. Unveröffentlicht.

Hallgarten, Georg W.F.: Als die Schatten fielen. Erinnerungen vom Jahrhundertbeginn zur Jahrtausendwende. Berlin 1969.

Hansen, Volkmar und Heine, Gert (Hrsg.): Interviews mit Thomas Mann. 1905–1955. Hamburg 1983.

Harpprecht, Klaus: Thomas Mann. Eine Biographie. Hamburg 1995.

Heine, Gert und Schommer, Paul: Thomas Mann. Chronik. Frankfurt/Main 2004.

Heißerer, Dirk: Wo die Geister wandern. Eine Topographie der Schwabinger Bohème um 1900. München 1993.

Heißerer, Dirk: Wellen, Wind und Dorfbanditen. Literarische Erkundungen am Starnberger See. München [3]1999.

Heißerer, Dirk (Hrsg.): Thomas Manns »Villino« am Starnberger See 1919–1923. München 2001.

Heißerer, Dirk: Im Zaubergarten. Thomas Mann in Bayern. München 2005.

Hofer, Veronika (Hrsg.): Gabriel von Seidl. Architekt und Naturschützer. München 2002.

Hofstetter, Sigrid: Die gute Stube der Anastasia. Vor 75 Jahren wurde das Café Forsthaus eröffnet. In: Süddeutsche Zeitung – Landkreisausgabe Wolfratshausen. 30.10.1996, S. 2.

Hofstetter, Sigrid: Wo Thomas Mann seinen Hund Bauschan fand. In: Süddeutsche Zeitung – Landkreisausgabe Wolfratshausen. 11.03.1997, S. 2.

Jens, Inge (Hrsg.): Thomas Mann an Ernst Bertram. 1910–1955. Pfullingen 1960.

Jens, Inge und Jens, Walter: Frau Thomas Mann. Das Leben der Katia Pringsheim. Hamburg 2003.

Jonas, Klaus W.: Die Thomas Mann-Literatur. Bibliographie der Kritik. 3 Bde. Berlin 1972–97.

Jüngling, Kirsten und Roßbeck, Brigitte: Katia Mann. Die Frau des Zauberers. München 2003.

Kesten, Hermann: Meine Freunde die Poeten. München 1959.

Kolbe, Jürgen: Helle Zauber. Thomas Mann in München. 1894 bis 1933. Berlin 1987.

Koopmann, Helmut (Hrsg.): Thomas-Mann-Handbuch. Stuttgart ^{3}2001.

Kroll, Fredric (Hrsg.): Klaus-Mann-Schriftenreihe. Bd. 1. Bibliographie. Wiesbaden 1976.

Kroll, Fredric (Hrsg.): Klaus-Mann-Schriftenreihe. Bd. 2. 1906–1927. Unordnung und früher Ruhm. Wiesbaden 1977.

Krügel, Christian (Hrsg.): Landpartie literarisch. Auf den Spuren großer Dichter im Münchner Umland. München 2003.

Kunstmann, Joanna Waltraud: Emanuel von Seidl (1856–1919). Die Villen und Landhäuser. München 1993.

Kurverein Bad Tölz (Hrsg.): Bad Tölz. Kurprospekt mit Spezial-Prospekt der A.-G. der Krankenheiler Jodquellen und Wohnungs-Liste des Ortsverschönerungs-, Kur und Fremdenverkehrsverein Bad Tölz. Bad Tölz 1906.

Kurzke, Hermann: Thomas Mann. Das Leben als Kunstwerk. Eine Biographie. München 2000.

Kurzke, Hermann (Hrsg.): Thomas Mann. Essays 2. 1914–1926. Große kommentierte Frankfurter Ausgabe. Bd. 15.1. Frankfurt/Main 2002.

Kurzke, Hermann (Hrsg.): Thomas Mann. Essays 2. 1914–1926. Kommentar. Große kommentierte Frankfurter Ausgabe. Bd. 15.2. Frankfurt/Main 2002.

Lühe, Irmela von der: Erika Mann. Eine Biographie. Frankfurt/Main 1996.

Lühe, Irmela von der; Naumann, Uwe (Hrsg.): Erika Mann. Mein Vater, der Zauberer. Hamburg 1996.

Lühe, Irmela von der und Naumann, Uwe (Hrsg.): Erika Mann. Blitze überm Ozean. Aufsätze, Reden, Reportagen. Hamburg 2000.

Mann, Erika (Hrsg.): Thomas Mann. Briefe. 3 Bde. Frankfurt/Main 1961–65.

Mann, Erika: Stoffel fliegt übers Meer. München [2]2002.

Mann, Golo: Erinnerungen und Gedanken. Eine Jugend in Deutschland. Frankfurt/Main 1986.

Mann, Heinrich: Ein Zeitalter wird besichtigt. Düsseldorf 1974.

Mann, Klaus: Kindernovelle. München 1964.

Mann, Klaus: »Früh vergiftet«. In. Haacke, Wilmont und Baeyer, Alexander von (Hrsg.): Facsimile Querschnitt durch den Querschnitt. München 1968, S. 140–145.

Mann, Klaus: Kind dieser Zeit. Hamburg 2000.

Mann, Klaus: Flucht in den Norden. Hamburg 2003.

Mann, Klaus: Der fromme Tanz. Hamburg 2004.

Mann, Klaus: Der Wendepunkt. Ein Lebensbericht. Hamburg [16]2004.

Mann, Monika: Vergangenes und Gegenwärtiges. Erinnerungen. Hamburg [2]2002.

Mann, Thomas: Buddenbrooks. Verfall einer Familie. Frankfurt/Main 1974.

Mann, Thomas: Herr und Hund. Ein Idyll. Berlin 1990.

Mann, Thomas: Der Zauberberg. Frankfurt/Main [12]1999.

Mann, Thomas: Der Tod in Venedig. Frankfurt/Main 2000.

Mann, Thomas: Betrachtungen eines Unpolitischen. Frankfurt/Main [2]2002.

Mann, Thomas: Doktor Faustus. Das Leben des deutschen Tonsetzers Adrian Leverkühn, erzählt von einem Freunde. Frankfurt/Main [34]2003.

Mann, Viktor: Wir waren fünf. Bildnis der Familie Mann. Konstanz 1949.

Martens, Kurt: Schonungslose Lebenschronik. Zweiter Teil. 1901–1923. Wien 1924.

Martin, Ariane: Schwiegersohn und Schriftsteller. Thomas Mann in den Briefen Hedwig Pringsheims an Maximilian Harden. In: Thomas Mann Jahrbuch. Bd. 11. Frankfurt/Main 1998, S. 127–152.

Mendelssohn, Peter de (Hrsg.): Thomas Mann. Briefe an Otto Grautoff 1894–1901 und Ida Boy-Ed 1903–1928. Frankfurt/Main 1975.

Mendelssohn, Peter de und Jens, Inge (Hrsg.): Thomas Mann. Tagebücher. 10 Bde. Frankfurt/Main 1977–95.

Mendelssohn, Peter de (Hrsg.): Thomas Mann. Über mich selbst: Autobiographische Schriften. Frankfurt/Main 1983.

Mendelssohn, Peter de (Hrsg.): Thomas Mann. Rede und Antwort. Über eigene Werke. Huldigungen und Kränze: Über Freunde, Weggefährten und Zeitgenossen. Frankfurt/Main 1984.

Mendelssohn, Peter de: Der Zauberer. Das Leben des deutschen Schriftstellers Thomas Mann. 3 Bde. Frankfurt/Main 1997.

Murken, Barbara: Gedanken zum Kinder- und Jugendbuchwerk von Erika Mann. Ein biographisches Puzzle. Münster 1999.

Muthesius, Hermann: Bedingungen, Anlage und Ausstattung des modernen Landhauses. In: Muthesius, Hermann (Hrsg.): Landhaus und Garten. Beispiele neuzeitlicher Landhäuser nebst Grundrissen, Innenräumen und Gärten. München 1907.

Naumann, Uwe: Klaus Mann. Hamburg 1984.

Naumann, Uwe und Töteberg, Michael (Hrsg.): Klaus Mann. Die neuen Eltern. Aufsätze, Reden, Kritiken 1924–1933. Hamburg 1992.

Naumann, Uwe (Hrsg.): »Ruhe gibt es nicht, bis zum Schluß«. Klaus Mann (1906–1949). Bilder und Dokumente. Hamburg 2001.

Naumann, Uwe (Hrsg.): Die Kinder der Manns. Ein Familienalbum. Hamburg 2005.

Neumann, Michael (Hrsg.): Thomas Mann. Der Zauberberg. Kommentar. Große kommentierte Frankfurter Ausgabe. Bd. 5.2. Frankfurt/Main 2002.

Plessen, Elisabeth und Mann, Michael (Hrsg.): Katia Mann. Meine ungeschriebenen Memoiren. Frankfurt/Main 1974.

Proust, Marcel: Auf der Suche nach der verlorenen Zeit. In Swanns Welt. Frankfurt/Main 1997.

Reed, Terence J. (Hrsg.): Thomas Mann. Frühe Erzählungen. 1893–1912. Kommentar. Große kommentierte Frankfurter Ausgabe. Bd. 2.2. Frankfurt/Main 2004.

Reich-Ranicki, Marcel: Thomas Mann und die Seinen. Stuttgart 1987.

Sappl, Anneliese: Erde in meiner Hand. Die Geschichte eines rebellischen Lebens. München 1998.

Schaenzler, Nicole: Klaus Mann als Erzähler. Studien zu seinen Romanen »Der fromme Tanz« und »Der Vulkan«. Paderborn 1995.

Schaenzler, Nicole: Klaus Mann. Eine Biographie. Frankfurt/Main 1999.

Scherrer, Paul und Wysling, Hans: Quellenkritische Studien zum Werk Thomas Manns. Bern 1967.

Scheuffelen, Thomas: »... in Dichters Lande ...«. Literarische Museen und Gedenkstätten in Baden-Württemberg. Ausstellungskatalog. Marbach am Neckar 1981.

Scheuffelen, Thomas: Auf den Spuren der Dichter. Spuren 1. Marbach am Neckar ²1994.

Scheuffelen, Thomas: Eine Museumslandschaft? 20 Jahre Marbacher Arbeitsstelle für literarische Museen. In: Kussin, Christiane (Hrsg.): Dichterhäuser im Wandel – Wie sehen Literaturmuseen und Literaturausstellungen der Zukunft aus? Berlin 2001, S. 44–54.

Scheuffelen, Thomas: Von Marbach aus – Literaturmuseen in Baden-Württemberg. In: Wißkirchen, Hans (Hrsg.): Dichter und ihre Häuser. Die Zukunft der Vergangenheit. Lübeck 2002, S. 185–205.

Scheuffelen, Thomas: »Vor meinem Fenster stundenweit See ...«. Hermann Hesse als Bauherr in Gaienhofen am Bodensee. Spuren 3. Marbach am Neckar ³2002.

Scheuffelen, Thomas: »Mir ist gerade, als ob ich ihre Stadt schon kennte«. Ein unbekannter Brief Thomas Manns. In: Ferchl, Irene, Harbusch, Ute und Scheuffelen, Thomas (Hrsg.): Literarische Spuren in Esslingen. »Das ist eine Stadt«. Esslingen am Neckar 2003.

Schirnding, Albert von: Die Familie Mann in Tölz. Zur Veranstaltung der Buchhandlung Winzerer am 19. Mai 2001. Unveröffentlicht.

Schirnding, Albert von: Gruppenbild mit Collie. Heitere Tage in Tölz – Wo Thomas Mann den »Tod in Venedig« schrieb und seine Kinder glücklich waren. In: Süddeutsche Zeitung. 28./29. Juli 2001, S. VI.

Schirnding, Albert von: Die literarische Kälte des Klammerweihers. In: Süddeutsche Zeitung. 28. November 2002, S. N2.

Schirnding, Albert von: Im Namen Nietzsches. Die Beziehung von Thomas Mann und Ernst Bertram. In: Heißerer, Dirk (Hrsg.): Thomas Mann in München. Vortragsreihe Sommer 2003. München 2004.

Schmidlin, Yvonne (Hrsg.): Thomas Mann – Hans Bodmer. Briefwechsel 1907–1933. Frankfurt/Main 1982.

Schröter, Klaus (Hrsg.): Thomas Mann im Urteil seiner Zeit. Dokumente 1991–1955. Hamburg 1960.

Smikalla, Karl: Thomas Manns heimliche Liebe zum Tegernsee. Privatdruck 2001.

Sprecher, Thomas: »Alles ist weglos«. Thomas Mann in Nidden. Marbacher Magazin. Sonderband 89/2000. Marbach am Neckar 2000.

Sprecher, Thomas, Vaget, Hans R. und Bernini, Cornelia (Hrsg.): Thomas Mann. Briefe 1. 1889–1913. Große kommentierte Frankfurter Ausgabe. Bd. 21. Frankfurt/Main 2002.

Sprecher, Thomas, Vaget, Hans R. und Bernini, Cornelia (Hrsg.): Thomas Mann. Briefe 2. 1914–1923. Große kommentierte Frankfurter Ausgabe. Bd. 22. Frankfurt/Main 2004.

Strohmeyr, Armin: Klaus und Erika Mann. Les enfants terribles. Berlin 2000.

Tworek, Elisabeth: Spaziergänge durch das Alpenvorland der Literaten und Künstler. Zürich 2004.

Vignau, Ilka von: Werdenfelser Land: Garmisch-Partenkirchen, Mittenwald; mit Ammergau und Isarwinkel. München 1984.

Vordtriede, Werner: Vorläufige Gedanken zu einer Typologie der Exilliteratur. In: Akzente, Jg. 15, Nr. 6, 1968, S. 556–575.

Walter, Bruno: Themen und Variationen. Erinnerungen und Gedanken. Frankfurt/Main 1988.

Wambsganz, Friedrich: Thomas Manns »Doktor Faustus« – das fehlgeleitete deutsche Genie. Eine politische Analyse der Hauptmotive des Romans unter Einbeziehung der Selbstzeugnisse und Reden des Autors. Norderstedt 2002.

Wefing, Heinrich: 1550 San Remo Drive, Pacific Palisades, Kalifornien. Kein deutscher Gedächtnisort: Vor sechzig Jahren bezog Thomas Mann sein Haus in den Hügeln von Los Angeles. In: FAZ, Nr. 88, 16.04.2002, S. 52.

Wegener, Herbert (Hrsg.): Thomas Mann. Briefe an Paul Amann 1915–1952. Lübeck 1959.

Wiedemann, Hans-Rudolf (Hrsg.): Thomas Manns Schwiegermutter erzählt oder Lebendige Briefe aus großbürgerlichem Hause. Hedwig Pringsheim-Dohm an Dagny Langen-Sautreau. Lübeck 1985.

Wiecker, Rolf (Hrsg.): Gedenkschrift für Thomas Mann 1875–1975. Kopenhagen 1975.

Wißkirchen, Hans und Sprecher, Thomas (Hrsg.): »Und was werden die Deutschen sagen??« Thomas Manns Doktor Faustus. Lübeck 1997.

Wißkirchen, Hans: Die Familie Mann. Hamburg 1999.

Wysling, Hans (Hrsg.): Dichter über ihre Dichtungen. Thomas Mann. Teil 1: 1889–1917. München 1975.

Wysling, Hans (Hrsg.): Thomas Mann. Briefwechsel mit Autoren. Frankfurt/Main 1988.

Wysling, Hans (Hrsg.): Bild und Text bei Thomas Mann. Eine Dokumentation. Bern ²1989.

Wysling, Hans (Hrsg.): Thomas Mann. Briefe an Kurt Martens 1. 1899–1907. In: Heftrich, Eckhard und Wysling, Hans (Hrsg.): Thomas Mann Jahrbuch. Bd. 3. Frankfurt/Main 1990, S. 175–249.

Wysling, Hans (Hrsg.): Thomas Mann. Briefe an Kurt Martens 2. 1908–1935. In: Heftrich, Eckhard und Wysling, Hans (Hrsg.): Thomas Mann Jahrbuch. Bd. 4. Frankfurt/Main 1991, S. 185–261.

Wysling, Hans und Schmidlin, Yvonne (Hrsg.): Thomas Mann. Notizbücher. 2 Bde. Frankfurt/Main 1991–92.

Wysling, Hans (Hrsg.): Thomas Mann – Heinrich Mann. Briefwechsel 1900–1949. Frankfurt/Main 1984.

Zanco Prestel, Anna (Hrsg.): Erika Mann. Briefe und Antworten. 2 Bde. München 1984–85.

Zeller, Bernhard und Volke, Werner (Hrsg.): Buchkunst und Dichtung. Zur Geschichte der Bremer Presse und der Corona. München 1966.

Dank

Ohne das freundliche Entgegenkommen der Archive, an denen ich für die vorliegende Arbeit recherchieren konnte, wären etliche Lebensspuren, die Thomas Mann und seine Familie in Bad Tölz hinterlassen hat, nicht aufgefunden worden. Mein Dank gilt Monika von Walter (Staatsarchiv München), die an der Entdeckung des Bauaktes und der Baupläne des Landhauses Thomas Mann beteiligt war und auf jede Nachfrage geduldig zu antworten wußte. Dies zählt ebenso für Manuela Strunz (Stadtarchiv Bad Tölz), die mir die alten Jahrgänge des Tölzer Kuriers zur Verfügung stellte und bei der erfolgreichen Suche nach einer Photographie der Villa Held Hilfe leistete. Britta Dittmann (Buddenbrookhaus Lübeck) ließ mich die Korrespondenz Katia und Thomas Manns mit Maximilian Brantl einsehen, die den Briefwechsel mit dem Maklerbüro Lion & Cie. enthält und den Ablauf des Verkaufs der Tölzer Villa schildert. Das Thomas-Mann-Archiv der Eidgenössischen Technischen Hochschule Zürich gewährte mir Einblick in zahlreiche Briefe Thomas Manns und in die Notizbücher Hedwig Pringsheims.

Dank gebührt außerdem: Münchner Literaturarchiv Monacensia; Deutsches Literaturarchiv Marbach am Neckar; Bundesarchiv Koblenz; Grundbuchamt Wolfratshausen; Vermessungsamt Bad Tölz; Bauamt Bad Tölz; Dirk Heißerer (München); Egreda Dandl (Oberschwester St.-Josefsheim); Martin Hake (Bad Tölz) sowie vielen anderen Auskunftgebern. Besonders möchte ich mich bei Albert von Schirnding für seine tatkräftige Hilfe herzlich bedanken.

Nicht zuletzt bin ich meinen beiden betreuenden Professoren

Thomas Scheuffelen (langjähriger Leiter der Arbeitsstelle für literarische Museen, Archive und Gedenkstätten in Baden-Württemberg) und Ulrich Joost (Technische Universität Darmstadt) zu Dank verpflichtet. Ohne die beratenden und motivierenden Gespräche mit Thomas Scheuffelen in seinem schönen Büro im Schiller-Nationalmuseum wäre diese Arbeit nicht entstanden!

Daniel Lang

Der Freundeskreis der Familie Mann in Bad Tölz – Veranstaltungen seit 1997

Seit einem Jahrzehnt halten engagierte Bürger in Bad Tölz das Andenken an die Familie Mann und ihre Aufenthalte im Kurort und im eigenen Landhaus zwischen 1908 und 1917 wach. Ausgehend von der Buchhandlung Winzerer und ihrer Leiterin Johanna Zantl hat der »Freundeskreis der Familie Mann« bei verschiedenen Veranstaltungen hohe Qualität mit angenehmer Geselligkeit verbunden und dabei eine beachtliche Kontinuität erreicht. Alles begann mit einer »Thomas-Mann-Matinee« im Park seines Landhauses an der Heißstraße 31 am Sonntag, dem **15. Juni 1997.** Der bekannte Fernseh- und Rundfunksprecher Wolf Euba las aus Werken Thomas Manns, Gabriele Henn spielte Querflöte und dazu wurde vom Gasthaus Zantl ein festliches Buffet aus den Kochbüchern der Familie Mann angeboten. Die Veranstaltung war ein voller Erfolg. Der Thomas-Mann-Experte Albert von Schirnding berichtete in der *Süddeutschen Zeitung* am 18. Juni 1997 unter dem Titel »Thomas Manns Heimkehr nach Tölz. Eine Matinee im Landhaus des Dichters begeistert 400 Gäste« von dem großen Ereignis. Wolf Euba habe erst das »höchst effektvolle« Kapitel über den Münchener Hopfenhändler Alois Permaneder und die »fast surrealistische frühe Novelle ›Der Kleiderschrank‹« vorgelesen und danach eine »unheimliche Episode aus dem ›Faustus‹, die im Hexenwahn des ausgehenden Mittelalters die dämonischen Abgründe der deutschen Seele aufdeckt – Alois Permaneder erschien nachträglich in ziemlich dämonischem Licht.« Bad Tölz habe damit »seit dem vergangenen

Sonntag sein Literaturhaus«. Thomas Mann sei »nach achtzigjähri-
ger Abwesenheit an den Ort zurückgekehrt, der sich für ihn fast nur
mit sympathischen Erinnerungen« verbunden habe.

Zwei Jahre später organisierten Dr. Barbara Kolb, Josef Spind-
ler und Johanna Zantl anlässlich der im Münchener Literaturhaus
gezeigten großen Klaus-Mann-Retrospektive am **6. Juni 1999** eine
eigene »Klaus-Mann-Matinee« wieder im Park des einstigen Landhauses. Der Schauspieler Mathieu Carrière las aus Werken Klaus
Manns, Christian Haller spielte Saxophon und zur Stärkung wurde
diesmal ein französisches Buffet geboten. Auch diese Veranstaltung
war ein großer Erfolg.

Elisabeth Mann Borgese am 10. Oktober 1999 in der
Buchhandlung Winzerer. Foto: Johanna Zantl.

Wenige Monate später konnte Johanna Zantl in der Buchhandlung Winzerer einen ganz besonderen Ehrengast begrüßen. Thomas
Manns jüngste Tochter, sein geliebtes »Kindchen« Elisabeth (1918–
2002), das sich inzwischen selbst zur Großmutter und weltberühm-
ten Professorin für internationales Seerecht entwickelt hatte, gab

Bad Tölz (wo sie selbst als Kind nie gewesen war) die Ehre ihres Besuches und stellte am **10. Oktober 1999** in der Buchhandlung ihr Buch *Mit den Meeren leben. Ein Bericht an den Club of Rome* (1999) vor. Die Lesung und anschließende Signierstunde ist vielen Besuchern noch in bester Erinnerung.

Wieder zwei Jahre später veranstalteten die Buchhandlung Winzerer und der Freundeskreis am Samstag, dem **19. Mai 2001** einen Nachmittag im Garten der Mann-Villa unter dem Motto »Die Familie Mann in Tölz – ein literarisch-musikalisches Vergnügen in fünf Teilen«. Den Auftakt übernahm Albert von Schirnding; er erläuterte an Originalschauplätzen, wie die Familie Mann nach Tölz kam, wo und wie sie hier lebte und wer was darüber schrieb. Nach einem Zwischenspiel mit Lübecker Spezialitäten und dem Tölzer Barrelhouse-Quartett kam die Direktorin des Thomas-Mann-Kulturzentrums im litauischen Nida zu Wort. Vitalija Terese Jounusiene erzählte davon, wie die Familie Mann 1929 an die kurische Nehrung kam und wie man dort heute seit 1995 ihr Andenken bewahrt. Nach einer Lesung des Schauspielers Stefan Orlac aus Texten der Familie Mann (und über sie) klang der Nachmittag bei einem großen »Buffet erneut mit Speisen aus den Rezeptbüchern der Mann-Familie« aus. Die *Süddeutsche Zeitung* würdigte anderntags dieses Engagement als »Kontinuierliche Besinnung im ›Tölzhaus‹«.

Im Herbst 2001 zeigte dann die Sparkasse Bad Tölz-Wolfratshausen in der Badstraße vom **25. September** bis zum **12. Oktober 2001** während der Öffnungszeiten eine von Udo Schwarz gestaltete Fotoausstellung zu der Veranstaltung im Mai 2001 im Park der Villa Mann mit vielen, von Besuchern zur Verfügung gestellten Fotos.

Unter dem Titel »Dichterkind und Meereskönigin« erinnerte der Tölzer Freundeskreis der Familie Mann am Mittwoch, dem **17. Juli 2002** abends im Evangelischen Gemeindehaus an Elisabeth Mann Borgese, die Anfang Februar verstorben war. Kerstin Holzer las aus ihrer Biographie *Elisabeth Mann Borgese – ein Lebensportrait,* Albert von Schirnding zitierte die Erwähnungen des »Kindchens« in den Tagebüchern ihres Vaters und die Pianistin Joyce Ho spielte Stücke von Brahms und Chopin. Der schöne Abend ging wieder in ein schönes geselliges Beisammensein über.

Ein Jahr nach ihrem ersten Besuch kam Vitalija Terese Jounusiene, die Leiterin des Thomas-Mann-Zentrums im litauischen Nida, auf Einladung von Johanna Zantl anlässlich der Frankfurter Buchmesse (mit Litauen als Gastland) erneut nach Bad Tölz. Wie die *Süddeutsche Zeitung* am **27. September 2002** berichtete, nahm Johanna Zantl den Besuch zunächst zum Anlass, »den Kontakt von Sommerhaus zu Sommerhaus nicht abreißen zu lassen«. Daraufhin stellte Frau Jounusiene zusammen mit ihrem Mann, dem Maler Eduardas Jonusas, Autoren ihrer Heimat vor und schilderte dabei den »mühsamen Weg eines Landes zu sich selbst«.

Links: »Familie Mann mit Bauschan«. Bad Tölz, August 2006. Rechts: Der Ahorn am Klammerweiher für Thomas Mann. Fotos: Johanna Zantl.

Zwei besondere Projekte nahm sich der Freundeskreis im Jahr 2006 anlässlich der Jubiläumsfeiern zum 100-jährigen Bestehen des Kurorts Bad Tölz vor. Anfang **August 2006** beteiligte sich eine sechsköpfige Gruppe mit Hund als »Familie Mann mit Bauschan« am Festumzug durch die Stadt. Und im **Herbst 2006** konnte auf souveräne Weise ein grausamer Baumfrevel am Klammerweiher wieder gut gemacht werden. Nachdem eine von Golo Mann im Jahr seines 80. Geburtstags 1989 gepflanzte »Friedenseiche« im Jahr 2004 einem Vandalen zum Opfer gefallen war, organisierte der Freundeskreis der Familie Mann, einer Anregung des Thomas-Mann-Förderkreises München folgend, mit der Stadt Bad Tölz eine besondere Baum-Aktion. Für jedes der sechs Familienmitglieder, die seinerzeit in Bad Tölz gewesen waren, sollte ein eigener Baum gepflanzt werden. Das Vorhaben fand bei zahlreichen Bad Tölzer Bürgern, die sich durch den Kauf von Lesezeichen an der Finanzierung beteiligten, regen Anklang. So stehen nun am Klammerweiher mit jeweiligen, von Barbara Schwarz gestalteten Namenstafeln ein *Ahorn* für Thomas Mann, eine *Linde* für seine Frau Katia, eine *Birne* für Erika, ein *Nussbaum* für Klaus, erneut eine *Eiche* für Golo und eine *Birke* für Monika Mann. Und eine Holzbank lädt zur Erholung und Besinnung ein.

Dirk Heißerer

Buchhandlung
Winzerer

Johanna Zantl
Obere Marktstraße 61
83646 Bad Tölz
tel 08041/9812 · fax 72701

luna@buchhandlung-winzerer.de
www.buchhandlung-winzerer.de

Sparkasse
Bad Tölz-Wolfratshausen

Ihre Bank vor Ort - seit über 150 Jahren

Die Kulturförderung der Sparkassen stiftet Identität. Überall in Deutschland nutzen die Menschen kulturelle Angebote, die von den Sparkassen unterstützt und vielfach überhaupt erst von ihnen ermöglicht werden.

Die Sparkasse Bad Tölz-Wolfratshausen unterstützt unter anderem auch Vereine und Initiativen, die das kulturelle Leben in den Kommunen mitgestalten. Die Förderung der Kultur gehört seit Jahren zum Kern des gesellschaftlichen Engagements der Sparkasse.

Thomas-Mann-Schriftenreihe

Herausgegeben von Dirk Heißerer für den
Thomas-Mann-Förderkreis München e.V.

Fundstücke 1: Erika Mann und Richard Hallgarten: Jan's Wunder-
hündchen. Ein Kinderstück in sieben Bildern.
Mit einer Erklärung von Erika Mann. Herausgegeben
und mit einem Nachwort von Dirk Heißerer
ISBN 978-3-936609-20-2

Fundstücke 2: Die Thomas-Mann-Büste von Gustav Seitz
in der Universitätsbibliothek Augsburg.
Herausgegeben von Dirk Heißerer
ISBN 978-3-936609-23-3

Fundstücke 3: »Nicht auf der Rasenkante gehen!« Die Familie
Mann und ihr Landhaus in Bad Tölz 1908–1917.
Von Daniel Lang
ISBN 978-3-936609-33-2

Fundstücke 4: »Liebes Rehherz.« Katia Manns *Zauberberg*-Briefe
an Thomas Mann aus Bad Kohlgrub, Oberammergau und
Oberstdorf (1920). Herausgegeben von Inge Jens
ISBN 978-3-936609-26-4
Erscheint voraussichtlich im Dezember 2007.